T0090645

CONEXIÓN PADRES E HIJOS

CONEXIÓN PADRES E HIJOS

COACHING COMO HERRAMIENTA PARA CONSTRUIR CONEXIÓN FAMILIAR EN LA ERA DIGITAL

Niños, adolescentes, nuevas tecnologías, riesgos, padres, familia, coaching

DILCIA RUAN

Número de Control de la Biblioteca del Congreso de EE. UU.:   2015920734
ISBN: Tapa Dura   978-1-5065-1111-5
                         Tapa Blanda   978-1-5065-1112-2
                         Libro Electrónico   978-1-5065-1113-9

Información de la imprenta disponible en la última página.

Fecha de revisión: 24/08/2016

Para realizar pedidos de este libro, contacte con:
Palibrio
1663 Liberty Drive
Suite 200
Bloomington, IN 47403
Gratis desde EE. UU. al 877.407.5847
Gratis desde México al 01.800.288.2243
Gratis desde España al 900.866.949
Desde otro país al +1.812.671.9757
Fax: 01.812.355.1576
ventas@palibrio.com
723733

ÍNDICE

Dedicatoria

Dios, mi maestro
A mi amado Eugenio
A mis hijas Andrea Elena y María Eugenia.

Agradecimientos

Primero a ti Señor y Dios por abrir delante de mí este nuevo camino de formación. Por la gracia, sabiduría, fuerza y guía, por este presente que hoy construyo, por el antes del que he aprendido tanto, en el que me has acompañado y por el futuro que luce fenomenal.

Eugenio, tu apoyo, respaldo y confianza me llenan, sentirme amada por ti cada día es un regalo. No te imaginas cómo disfruté esa llamada el día que terminé de escribir mi libro, en el que me felicitaste por todo lo que me viste hacer, gracias mivi, te amo.

Mi Maru, por siempre, siempre preguntar "¡Cómo vas ma!" "¡Cómo te sientes hoy!", siento tu admiración con total contundencia, eres un regalo de Dios, te amo.

Mi Andrea, este logro es también tuyo hija, te lo dije muchas veces durante el camino, tu ayuda en tantas formas, investigando para que yo avanzara en la lectura de libros, corrigiendo textos, traduciendo información, haciendo el almuerzo, sirviéndome agua, tus abrazos y tus besos, eres demasiado para mi, te amo.

"Mami" por todo lo que me enseñaste y a pesar de la distancia en este momento siempre presente en mis pensamientos y corazón, a mis hermanos, porque son los mejores de todos, con ustedes aprendí a reír en medio de la lucha y a disfrutar de los más simples detalles.

"Papi", tú fuiste una parte clave en el inicio de este proceso de transformación, gracias por escucharme, recibir mis palabras y por darme tu amoroso respaldo.

Jaqueline Betancourt, mi mentora, estoy profundamente agradecida de ese primer día de trabajo presencial, me llevaste a cerrar un proceso de mi vida que era fundamental y liberador para escribir este libro, cada palabra de ánimo a sido fuerza para continuar.

Academia de Coaching y Capacitación Americana y todo su equipo, por sumergirnos en este intensivo proceso de aprendizaje y crecimiento desde el "SER; agradecida" por siempre.

Marianela Jimenez, amiga y hermana, gracias por siempre tener algo para ofrecer, me hablaste de esta posibilidad, comenzamos juntas y me parece un súper plan lo que Dios tiene por delante para nosotras, te quiero y agradeceré siempre tu apoyo, eres una mujer maravillosa.

Amiga, socia, hermana, hija: Jetzabel Martínez, tu eres la responsable del tema de este libro, gracias por ponerlo sobre la mesa y delante de mí, valoro tu mente creativa e inquieta que ve los detalles, estoy feliz de tenerte en mi vida.

Victoria Llindis, una de nuestras facilitadoras estrella, tus primeras líneas para el desarrollo de este tema fueron la base para comenzar, gracias por tu mística de trabajo y profesionalismo.

A mi organización Prevención sin Límites, por todas las experiencias, aprendizajes y crecimiento a través de buenos momentos, este libro en parte ha sido producto de lo que he aprendido contigo.

Y por último, a todos mis compañeros de estudios, cada uno ha aportado algo nuevo y valioso para mí crecimiento, el estar juntos ha sido un estímulo para crecer y concluir esta primera meta de muchas que vendrán.

Prólogo

Hubo un tiempo en el que el centro de la comunicación familiar de muchos hogares era el comedor. Mientras se disfrutaba de la comida y aun después de terminada, sin levantarse de la mesa la familia extendía este espacio de intimidad hogareña conversando sobre temas de interés común o simplemente hablando de sus cotidianidades. Luego, con la incorporación de la televisión, la comunicación entre padres e hijos adquirió un nuevo giro, viniendo a ocupar un lugar de preponderancia en el mundo familiar vigente hasta el día de hoy.

Más recientemente, con la irrupción de las nuevas tecnologías de información y comunicación, la internet, los teléfonos celulares, los reproductores portátiles de audio y video, los videojuegos y el auge de las redes sociales, las conversaciones familiares de sobremesa –y hasta las reuniones alrededor del televisor– parecen haber quedado como recuerdos de un pasado perdido.

La tecnología digital entró en el hogar como un miembro más de la familia, ofreciéndonos su compañía en el comedor, la sala de estar y en cada rincón de la casa, cada día ocupa su lugar en nuestro carro y ya no puede faltar cuando viajamos o tomamos vacaciones familiares. La tecnología llegó para quedarse.

En este contexto de la nueva familia digital, para muchos padres, ciertos contenidos web y las llamadas "redes sociales" han sido una fuente de preocupación, ya que cada vez más la internet se está afianzando como padre o madre sustitutos, ocupándose de la educación social, política, religiosa, moral y sexual de los hijos, así como se está constituyendo en una familia alternativa en la que los niños y jóvenes satisfacen sus necesidades de ocio, entretenimiento, afecto, pertenencia y amistad. De ahí que el tema desarrollado en *Padres e hijos conectados: coaching como herramienta para construir conexión familiar en la era digital* adquiere una especial relevancia.

La autora, Dilcia Prieto, analiza la marcada influencia de la tecnología en la dinámica familiar, especialmente sobre cómo afecta las relaciones entre los padres y los hijos, pero con mayor fuerza busca mediante el uso de herramientas de coaching que los padres superen sus temores y preocupaciones, se enfoquen en la solución y asuman de manera intencional y proactiva su rol de acompañamiento y facilitadores de aprendizaje de los hijos, sin menoscabar la libertad individual y el espacio propio que implica el uso de la tecnología en el hogar.

Habiendo tenido el privilegio de compartir el comedor con Dilcia y de relacionarme con su familia, así como de trabajar juntos en diversos emprendimientos sociales y humanitarios, conozco de primera mano su pensamiento, motivación y manera de conducirse, por lo que esta obra expresa consistencia entre lo que ella piensa, dice y hace. Por tanto, no se trata de un tema que la autora no haya experimentado en su propia dinámica familiar y profesional, sino que por los resultados observados tanto en sus propias hijas como en la cantidad de jóvenes con los que se ha relacionado, estoy convencido de que ha sido una madre y mentora que ha sabido establecer los límites adecuados sin imponer pensamientos limitantes que representen obstáculos al crecimiento y descubrimiento de potencialidades de quienes la han rodeado. Es por eso que creo que este libro representa un aporte significativo a la especialidad del *coaching para padres* tan necesaria para formar y entrenar padres y madres competentes con herramientas que los orienten hacia el logro una comunicación familiar afectiva y efectiva en una era digital.

Renzo Salazar
Board member IAC-Venezuela
Coach ICC
Experto en Proyecto de Vida y Diseño de Futuro
Caracas, 18 de diciembre de 2015

Introducción

El avance de las tecnologías de información y su intervención en la vida familiar es un tema relativamente nuevo. Valiosas son las investigaciones en torno al tema que, desde los años 90 se viene gestando especialmente en España. Diferentes organizaciones han venido ofreciendo recursos para los padres, tales como "Protégelos", un estudio realizado por la Fundación Gaudium con su guía para padres "Habla con ellos de las nuevas tecnologías: Adicciones digitales", entre otras. También destacan los aportes de algunos expertos en Estados Unidos. Vale mencionar a la psicóloga asociada a Harvard, Steiner-Adair, autora de "La Gran Desconexión", la terapeuta de familia, Susan Stiffelman y dos expertos de Salud Pública de Harvard, Steven Gortmaker y Kaley Skapinsky por "Outsmarting the Smart Screens: A Parent's Guide to the Tools That Are Here to Help".

En el año 2010 en una clínica de desintoxicación en Londres, Reino Unido, el Dr. Richard Graham creó el *Technology Addiction Service* (Servicio de adicción a la tecnología), programa diseñado para niños y jóvenes que se llama *Detox for kids* (Desintoxicación para niños).

Organizaciones en diferentes países, incluida América Latina, están atendiendo estas situaciones a nivel de prevención y tratamiento. Sin embargo, siguen sin ser evidenciados de manera pública.

La existencia del grooming, ciberacoso, phishing, sextorsión, sexting, movimiento pro-ana y pro-mia, la aparición de nuevas formar de adicción como la nomofobia o tecno adicción, las cifras de crecimiento mundial de suscriptores de telefonía móvil (según la Unión Internacional de Comunicaciones UIT), las estadísticas de crecimiento del acceso a internet en los países en desarrollo, son una evidencia de la pertinencia que tiene hablar del tema, porque esta realidad está entrando a los hogares y generando un impacto social que conviene conocer y, de ser necesario, intervenir.

Este libro propone hacer una revisión de las circunstancias actuales en el avance de la era Digital, con un aporte más significativo para las familias y en especial los padres de niños y adolescentes, a fin de que encuentren respuestas ante los vacíos de información, y las posibilidades que tienen de enfrentar esta realidad de manera exitosa.

La investigación señala que los padres no están satisfechos con el tiempo invertido por sus hijos en el uso de la tecnología y los videojuegos, la mayoría desconocen el tipo de información que comparten en las redes sociales y en general sienten que la tecnología ha hecho su rol más difícil en el acompañamiento como padres.

El coaching, representa una extraordinaria herramienta para ofrecer respuestas prácticas y concretas al fenómeno de la desconexión familiar producto del avance de las tecnologías, apoyado en los principios de la inteligencia emocional (autoconocimiento, autocontrol, auto motivación, empatía y relaciones personales), la programación neurolingüística (pensamiento programado para lograr transformar sueños y deseos en metas, teniendo en cuenta la formación de valores y creencias potenciadoras) y la teoría de los cuatros acuerdos (tener palabras impecables, no tomarse nada de forma personal, no hacer suposiciones y hacer todo lo máximo que puedas), porque proporciona recursos sencillos y muy poderosos a los padres para convertirse en coach de sus hijos.

En definitiva, el coaching sí puede entrar al hogar y dar respuestas en medio de la cotidianidad. Con este libro cualquier padre y madre puede convertirse en coach de su hijo, entrenándolo para crecer como un ser balanceado y feliz.

Capítulo 1

Qué pasa detrás de las redes sociales

"Ahora, pues, permanecen estas tres virtudes:
La fe, la esperanza y el amor.
Pero la más excelente de ellas es el amor"
1 corintios 13:13

¿Sabes o conoces el tipo de información que tus hijos comparten en las redes sociales? Esta pregunta se formuló a un grupo de padres con hijos en edades adolescentes y seis de cada diez desconoce la información que sus hijos comparten. Entonces, cabe la pregunta: ¿Y es que se puede saber todo lo que comparten? Más allá de la respuesta de sí y no, a lo largo de este libro veremos qué se puede hacer para solventar esta preocupación.

¿Por qué aislarse detrás de las redes, cuál es el contexto en el cual se vuelve un placer y se encuentra satisfacción en sumergirse o conectarse en este espacio virtual? ¿Será porque hay una ausencia de conexión con el mundo real? ¿Sabes cuál es el riesgo implícito en las redes sociales? ¿Has escuchado hablar del grooming, ciberacoso, phishing, sextorsión, sexting, movimiento pro-ana y pro-mia? ¿Sabes qué es la nomofobia, tecno adicción o dependencias comportamentales?

Conviene comenzar por definir qué son las TIC *(Tecnologías de información y comunicación)*: Son el conjunto de tecnologías que permiten el acceso, producción, tratamiento y comunicación de información que se presentan en diferentes formatos; textos, imágenes, videos, sonidos, entre otros. Estos medios simplifican de manera considerable el quehacer diario del ser humano.

La verdad es que ahora las tecnologías son parte de la vida. Como individuos no hacer uso de ellas sería como quedarse aislado en el mundo tecnológico de hoy. Las TIC nos permiten ahorrar tiempo, facilitan actividades, proveen información de manera inmediata; sin embargo, cuando se entrega un dispositivo móvil en las manos de un hijo se está colocando de forma literal el mundo en sus manos, para bien o para mal. El uso que le dé dependerá de muchos factores. Es cierto, tendrá la posibilidad de acceder a toda la información que desee, que se le ocurra o propongan; por lo tanto, como padres conviene estar conscientes de algunas realidades.

Probablemente para el momento que usted lea este libro, habrá un sin número de otras formas de abuso, extorsión o riesgo detrás de las tecnologías a las que tienen oportunidad de acceder los hijos, así que la clave no está en conocer todo lo que pasa o todos los riesgos, porque si se tratara de eso, cuando salen a la calle, a la escuela, a las fiestas, están igualmente expuestos a oferta de drogas, sexualidad no planificada y, en consecuencia, infecciones de transmisión sexual, o invitaciones que representan riesgos; así que el mundo de los niños y adolescentes no dejará de estar rodeado de un robusto ramo de ofertas.

No se trata de prohibir el uso, volverse obsesivo en el control de lo que ven o de lo que hacen, porque no hay que olvidar que para los adultos son las "nuevas" tecnologías, mientras que para ellos son, simplemente: las tecnologías. Esta es su manera de buscar información, estudiar, aprender, conocer, conversar, compartir, reír. Por lo tanto, es un nuevo espacio para el adulto y un espacio natural para ellos. Si se comienza actuar de manera impulsiva, el resultado será acentuar la brecha que separa a los padres de los hijos.

Este libro más allá de pretender ser una alerta ante el avance exponencial que las tecnologías están teniendo en muchos hogares, es una invitación a encontrar la estrategia inteligente, efectiva y poderosa que mantenga la conexión básica y esencial que hay entre los seres humanos y que traen al momento nacer, para estar en relación afectiva los unos con los otros de manera verbal, visual y física. Entonces, sin importar la edad de los hijos, es esencial que se encuentre el camino para crear esa conexión con ellos. Más adelante se describe el qué hacer. Para empezar es relevante y prioritario, definir algunos términos.

El **grooming**; *"Groom"* significa en inglés *novio* y *grooming* se refiere a la acción de un adulto de entablar una amistad o conexión emocional con un menor de edad a través de redes sociales hasta el punto que el niño se sienta cómodo y desinhibido como para el adulto poder abusar sexualmente de él. La manera en la que el abusador opera es: Primero entabla amistad y genera confianza con el niño o adolescente de su interés. El medio por el cual suele acercarse es creando un perfil falso en una red social, chat, u otro, en el que se hace pasar por un chico o una chica hasta concretar una relación.

Basado en esa relación de "amistad" y bajo un perfil falso, el adulto "abusador" le pide una foto o video de índole sexual o erótica. Cuando lo logra, comienza un período de chantaje en el que se amenaza al niño u adolescente con hacer público ese material si no entrega nuevos videos o fotos o si no accede a un encuentro personal.

Una vez que inicia el chantaje queda en evidencia que detrás de ese perfil falso hay un adulto y el niño ante el temor de ser descubierto, sede. Otra forma de operar es robando *"hackeo"* información o imágenes de jóvenes que ya han subido material con contenido erótico a las redes, dirigido algún amigo o grupo, y cuando ya cuenta con este material el abusador comienza su proceso de extorción para obtener más material o concretar el encuentro personal.

El **cyberbullying/ciberacoso** es el abuso a una persona vía digital a través del teléfono móvil, correo electrónico, redes sociales, entre otros. Esto incluye no solo enviar mensajes de texto o e-mails abusivos a la víctima, también incluye expandir un rumor falso, exponer o burlar a una persona ante otros, por ejemplo, publicando una foto o video humillante de la víctima en las redes sociales promoviendo que otros opinen negativamente para generar menosprecio en la víctima. Otro modus operandi es crear un perfil falso de la víctima en el cual se expone información personal, intimidades, secretos o confesiones para generar burla o señalamiento de otros, así como también, es el robo deliberado de contraseña de email o redes para violar su intimidad al leer la información recibida por la víctima.

El **phishing** es la acción fraudulenta de robar o plagiar la identidad de una persona a través de herramientas electrónicas (teléfono, correo electrónico, redes sociales, etc.). El *phisher* o plagiador, busca obtener información confidencial a través de estos medios, haciéndose pasar por una persona u organización de prestigio o importante (un banco, una empresa, etc.). Entonces, usualmente funciona a través de una llamada, mensajes de texto o un e-mail presuntamente de parte de una empresa y procede a pedir información muchas veces confidencial, y la víctima, presumiendo que realmente es de una fuente confiable, cede. Entonces, es cuando el *phisher* procede a utilizar los datos de la víctima para cometer actos fraudulentos.

La **sextorción** es una manera de explotación sexual a través del chantaje. Una potencial víctima conoce y comienza a tener contacto tipo ``sexting´´ con una persona (futuro chantajista) a través de alguna red social, algún sitio para conseguir citas o alguna página con naturaleza erótica o sexual. A partir de este contacto inicial, comienzan a enviarse imágenes, videos o concertar para verse por cámara web. El chantajista guarda las fotos, toma videos de lo que la víctima hizo por cámara web, etc. Llega un punto en el que el chantajista amenaza a la víctima con publicar o enviar las imágenes o videos a sus amigos y familiares (que obtuvo a través de las redes de la víctima) si no cumple con lo que quiere, que usualmente es más imágenes, videos o ``sesiones´´ de cámara web.

El **sexting** se refiere al envío a través de teléfono móvil de mensajes de texto, imágenes, entre otros, de contenido pornográfico o erótico.

Según los especialistas, alrededor del 10% de los jóvenes entre 10 y 16 años, han recibido fotos eróticas. Entre las motivaciones de los jóvenes están la broma y fanfarronería, seducir o petición de sus parejas. Esta es una situación delicada entre adolescentes porque el problema se genera cuando el que recibe la imagen, decide difundirlas a terceros o colgarlas en redes sociales, lo que trae como resultado daños psicológicos a la víctima.

La **nomofobia** es el miedo irracional o la fuerte ansiedad de salir de la casa sin el teléfono móvil. La dependencia al teléfono móvil se caracteriza por la sensación irracional de incomunicación del usuario cuando este no dispone del móvil. En qué momento aparece esta sensación: Cuando se queda sin batería, cuando se le quedó el teléfono en casa o, cuando se queda sin señal telefónica en algún lugar.

El nomofóbico experimenta algunos de los siguientes síntomas: sensación de ansiedad, taquicardias, pensamientos obsesivos, dolor de cabeza, dolor de estómago, mal humor, irritabilidad. Según los expertos, la persona con esta dependencia suele ser insegura y con baja autoestima. La nomofobia suele darse en mayor medida en adolescentes.

Movimiento "Pro-ana" es el nombre que las pro-anorexia se dan a sí mismas, del mismo modo que las **"Pro-mia"** son las webs, foros y perfiles en los que se congregan las personas pro-bulimia.

Las niñas y adolescentes que frecuentan estos espacios en internet tienen entre 14 y 16 años de edad, pero también universitarias de 20 años se comunican y establecen contacto con niñas de 11 ó 12 años. El objetivo de estos sitios es presentar los trastornos de la conducta alimentaria como "estilos de vida". Estas personas manifiestan constantemente que la anorexia y la bulimia nerviosa son formas de alcanzar la perfección y el control sobre su propio cuerpo: "No habrás dominado tu cuerpo hasta que no seas capaz de dominar el hambre. Siempre puedes consumir menos calorías". Con frecuencia reproducen frases como: "Preferimos vivir como mariposas aunque duremos poco tiempo, que vivir como gusanos durante muchos años".[1]

Las secciones fijas de la mayoría de estas páginas son siempre las mismas: dietas, tips, imágenes de inspiración, oraciones propias, distintivos para identificarse, entre otras, siendo las más indignantes, las de los tips o pseudo recomendaciones. Los trucos para acelerar la pérdida de peso van desde la utilización del dolor para "estresar al organismo", hasta la utilización del frío. Dicen cosas como: "Intenta pasar todo el frío que puedas, no te abrigues, ten las ventanas de tu habitación siempre abiertas, come frío, mastica hielo…

---

[1] *www.protegeles.com*

Cuanto más frío pases más calorías quemará tu organismo y adelgazarás"; "Bebe limón, échale vinagre a todas tus comidas, porque el vinagre y el limón son desengrasantes".[2]

La **Tecno Adicción** es, como el mismo nombre lo dice, la adicción o dependencia a tecnología o a dispositivos digitales. Puede ser consola de video-juego, el teléfono móvil, la computadora, internet, entre otros. Es una dependencia que no sólo deteriora la funcionalidad del adolescente sino que le abre el camino hacia otras adicciones.

CÓMO SABER QUE UN NIÑO O ADOLESCENTE ES TECNO ADICTO

Según la organización de protección al menor de España "Protégeles": La conducta adictiva a internet se caracteriza por la pérdida de control sobre el uso y acceso de la web. Dicha conducta conduce potencialmente al aislamiento y al descuido de las relaciones sociales, de las actividades académicas, de las actividades recreativas, de la salud y de la higiene personal. Los menores de edad que la desarrollan se caracterizan por:

- **Tolerancia:** el niño y adolescente siente la necesidad de aumentar el tiempo que pasa utilizando la tecnología para llegar a sentirse satisfecho. Tolerancia significa que el placer o bienestar va disminuyendo; por lo tanto, cada vez se necesitan más horas de navegación para sentir el mismo placer.
- **Abstinencia:** Conjunto de trastornos que se experimentan por la reducción o suspensión brusca del uso de la tecnología. El adicto tenderá a utilizarla de forma compulsiva.
- **Dependencia:** Decimos que un niño y adolescente está desarrollando una dependencia cuando necesita aumentar progresivamente el tiempo de uso de la

---

[2] *www.protegeles.com*

tecnología (tolerancia) y además, se siente mal si no puede hacerlo (abstinencia).

En principio, cuando el adolescente se conecta a Internet recibe una respuesta satisfactoria debido a que encuentra lo que estaba buscando: Divertirse, entretenerse, informarse, comunicarse. En el momento en que empieza a abusar de esta conexión y se siente mal si no está conectado, es cuando comienzan a apreciarse las repercusiones claramente negativas en la vida social, familiar y escolar de ese adolescente.

¿CÓMO IDENTIFICAR EL PROBLEMA? ¿CUÁNDO SE DEBE INTERVENIR Y ACTUAR? ¿CUÁLES SON LAS CONDUCTAS Y SEÑALES?

Si le preocupa la relación que su hijo pueda llegar a tener con el móvil, con la tablet o computadora debe tener en cuenta las señales que van apareciendo a lo largo del proceso en el que se llega a una adicción:

- Cada vez necesita estar conectado durante más tiempo para sentirse satisfecho.
- Se siente deprimido, nervioso o enfadado y solo se le pasa cuando puede usar su smartphone o teléfono inteligente.
- Pasa mucho tiempo pensando en cuándo se podrá conectar de nuevo.
- No consigue controlar el tiempo o la frecuencia que pasa conectado.
- Ha dejado de lado actividades u obligaciones para usar el dispositivo movil.
- Prefiere las ciber-relaciones a las relaciones personales.
- Miente en relación al tiempo y la frecuencia con la que se conecta.

Preguntas que le permitirán diagnosticar

- ¿Está pendiente constantemente de las redes sociales?
- ¿Pasa mucho tiempo mirando la pantalla del dispositivo?
- ¿Se aísla constantemente del resto de los amigos y familia?
- ¿Quiere estar siempre sol@ y que le dejen en paz?
- ¿Pasa el día pensando en sus redes en vez de disfrutar con amigos o novi@?
- ¿Ha cambiado a sus amigos de siempre por otros virtuales que no conoce personalmente?
- ¿Ha cambiado el carácter?
- ¿Se molesta si le dices que apague el computador o deje un rato el teléfono?
- ¿Se lleva el móvil por la noche a la cama y lo tiene en la mano?
- ¿Pone como excusa que lo utiliza como despertador?
- ¿Agarra el celular antes de hacer cualquier otra cosa?
- ¿Pasa muchas horas enganchado al celular, a videojuegos o conectado a Internet?
- ¿Lleva puesta la música demasiado alta?
- ¿Ha bajado su rendimiento académico?
- ¿Está más delgado o más gordo porque se la pasa todo el día sentado frente al computador?
- ¿Tiene un comportamiento diferente cuando está utilizando el computador que cuando sale a la calle?
- ¿Se nota cansado cuando se levanta por la mañana?
- ¿Siente ansiedad cuando no devuelve una llamada perdida o se queda si el celular?
- ¿Siente la necesidad de usar constantemente el computador, tableta o móvil y no puede ir a ningún sitio (de vacaciones, fin de semana,…) sin dejar de usarlo un solo día?
- ¿No puede vivir sin WhatsApp?[3]

---

[3]   *www.adiccionesdigitales.es*

Muchas de estas señales son normales en la adolescencia, por lo que es necesario tener cuidado y colocar la atención en la intensidad y la frecuencia en algunas de ellas.

Nuestros abuelos dejaron de compartir como familia con la aparición de la radio y ocupaban tiempo en escucharla en lugar de hablar como lo hacían antes, los adultos cambiaron los espacios de conversación por la TV, los adolescentes tienen redes sociales y dispositivos electrónicos. Conviene tener cuidado en afirmar que el problema está en las redes y la tecnología, es lo mismo que decir que el problema está en la droga, cuando en realidad está en el uso que se le da a los factores externos, o cómo se afrontan las cosas que ponen en riesgo la libertad personal o ser felices y balanceados para alcanzar lo que se desea. Se nace como seres esencialmente libres y por ello el reto es mantenerse así, viviendo sin dependencias, muletas o ataduras.

Capítulo 2

En la casa del vecino

"La sabiduría es lo primero. ¡Adquiere sabiduría!
Por sobre todas las cosas, adquiere discernimiento"
Proverbios 4:7

¿Estás satisfecho con el tiempo invertido por tus hijos en el uso de la tecnología y los videojuegos? La respuesta del 58% de los padres fue que no estaban satisfechos y el 42% que sí lo estaban. Felicitaciones a los padres que han encontrado la vía para que el tiempo en el uso de las nuevas tecnologías e internet sea el adecuado. Ese es el objetivo, que las tecnologías estén sin controlarlo todo. Ahora, para el casi 60% que no está satisfecho, es prioritario destacar algunas razones por las que posiblemente la situación se está saliendo de control.

Héctor, el hijo del vecino llegó del colegio como de costumbre a la 1:30 p.m. Luego de almorzar, se sentó a jugar uno de sus videojuegos favoritos. Después de una hora, su madre le recordó que debía ir a hacer la tarea, ante lo cual Héctor ni se inmutó. Luego de un rato, unos 30 o 40 minutos después, se repitió la llamada de su madre: "¡Héctor, la tarea! ¡Párate inmediatamente!"… "Si mami, ya voy", respondió él. Esta escena se sigue repitiendo en plazos más cortos una y otra vez y con una intensidad cada vez mayor en el tono de la voz de parte de la madre, lo cual, no produce ningún efecto en el chico de 12 años; solo hasta que la mamá se para delante de él, le quita el control, apaga el equipo y no se mueve de allí hasta que se va a hacer la tarea y con mucha rabia le dice "¡Estoy harta de decirte que te levantes a hacer la tarea y no me haces caso! ¡Qué voy a hacer contigo!", una disputa que termina siempre en gritos, llantos, discusión y malestar. Esta escena se repite con demasiada frecuencia en la casa del vecino y probablemente en varias de las casas de las personas con las que usted se relaciona.

Lo cierto es que, es una buena práctica enseñar a los hijos a protegerse, a establecer límites, a tomar buenas decisiones con respecto a los contenidos que se encuentran en internet y utilizar de manera adecuada y balanceada los dispositivos. Concerniente a esto, parece algo incongruente que a veces cuando el adulto necesita ayuda en cuestiones de tecnología, son los hijos los que enseñan a los padres. Para comprender esta realidad interesa revisar lo siguiente:

Nativos digitales: Se les dice a las personas que nacieron en la "era tecnológica" como la llaman muchos, que es aproximadamente a partir de los años 1980 hasta la actualidad. Esta ha sido la época con más avance tecnológico en la historia.

Inmigrantes digitales: Se dice de aquellas personas que nacieron un poco antes; en la época entre 1940-1980. Se les denomina "inmigrantes" ya que, no nacieron precisamente en la era tecnológica, sin embargo, de alguna manera han tenido que adaptarse a los cambios que han surgido a través de la tecnología. Es decir, se han visto en la presión de volverse algo "tecnológicos", para responder a las demandas del mundo de hoy.

Huérfanos digitales: Así se les llama a los jóvenes que nacen en la era digital, pero sin asesoramiento, cobertura o guía de los padres en lo que respecta a las nuevas tecnologías. Posiblemente estos padres son "inmigrantes digitales" y tampoco han tenido un buen asesoramiento en cuanto a la tecnología, razón por la que no tienen las herramientas para dársela a sus hijos. Esto tiene muchos riesgos, por ejemplo, los que se mencionaron en el capítulo anterior (grooming, sextorción, cyberbullying, etc.); siendo "huérfanos digitales" los jóvenes tienen más posibilidad de caer en una de estas situaciones si los padres no se asesoran bien y acompañan a sus hijos de manera respetuosa en el mundo de las tecnologías.

LECCIONES APRENDIDAS

En el año 2010 en la clínica de desintoxicación Capio Nightingale en Londres, Reino Unido, el Dr. Richard Graham creó el *Technology Addiction Service* (Servicio de adicción a la tecnología), un programa de 28 días de desintoxicación tecnológica. El programa diseñado para niños y jóvenes se llama *Detox for kids* (Desintoxicación para niños), el cual tiene el objetivo no solo de proveer ayuda clínica sino también herramientas acerca de cómo manejar la adicción.

Lo resaltante es que este programa ha tenido pacientes de 4 años de edad diagnosticados "adictos" a la tecnología, los cuales presentaron síndrome de abstinencia, igual que un alcohólico o un adicto a la heroína (furia, violencia, entre otros). Se observaron síntomas como furia y violencia, entre otros.

Una entrevista ofrecida por el Dr. Graham en el año 2013 al canal de noticias canadiense *CTV Television Network - Canada AM*, este experto en desintoxicación, aclaró que en este programa no solo trabajan con niños, sino que también involucran a los padres en el desarrollo de un plan para poner límites adecuados para la recuperación de sus hijos. Según Graham, parte del tratamiento que ofrecen es negociar, hablar con los niños y proveerles un espacio de actividades sociales, dinámicas y divertidas. Esto les permite utilizar la tecnología de una manera más balanceada.

Por otro lado, el especialista destacó que las señales que se desarrollan en niños o jóvenes adictos a la tecnología son: Distanciamiento de la vida social, lo cual se traduce en no darle la suficiente atención a los estudios con tendencia a abandonar la escuela, ya que pasan más tiempo dedicados a los videojuegos, entre otras actividades vinculadas al uso de la tecnología. Graham observó que cuando los padres intentaban quitarles las consolas o aparatos electrónicos tratando de poner límites al tiempo que estaban invirtiendo en las tecnologías, los niños tenían conductas agitadas, muchas veces violentas y agresivas al punto de hacerse daño ellos mismos.

Las TIC en plena expansión

Es imposible negar, ser indiferente o pretender limitar la entrada de la tecnología en la vida personal, familiar, laboral y social; por el contrario, hoy se está en contacto con cualquier familiar o amigo a la vuelta de segundos por medio de un mensaje de texto, mensaje de voz, foto, video, llamada sin costo alguno. Incluso se puede pagar todo y comprar lo que se quiera sin moverse de la casa y todavía no se ha visto nada. Al leer libros como *"Exponential organizations"* de Salim Ismail, en el que se muestra todo lo que se está gestando desde Silicon Valley para "mejorar y simplificar nuestras vidas", se plantea que la tendencia de las nuevas y grandes empresas redunda en alcanzar crecimiento acelerado (exponencial) es a través del uso de la tecnología.

Por su parte, una de las reflexiones de Andrés Oppenheimer en su libro *"Crear o morir"*, es que la educación se quedó desfasada en relación a las demandas de esta generación; por lo que pareciera que hay que hacer cambios exponenciales para que los niños y jóvenes satisfagan su nueva forma de adquirir conocimiento e información, porque la diferencia entre un maestro dando información de forma unidireccional, llegando a través de un solo canal (el audio) no tiene forma de competir con las nuevas tecnologías, que se hacen muy atractivas para todos especialmente para niños y jóvenes.

¿Cuántas personas a nivel mundial tienen acceso a internet? Según la UIC (Unión Internacional de Comunicaciones) las cifras del año 2015 son las siguientes: Hay más de 7 billones de suscriptores de telefonía móvil en el mundo (las estadísticas del año 2000 reflejaban menos de un billón).

En cuanto a internet, hoy en día a nivel global 3.2 billones de personas lo utilizan y 2 billones de esas son de países en desarrollo. Quiere decir que en porcentaje, un 43% aproximadamente de la población mundial está conectada a internet. Razón por la cual, hay más población conectada a internet en países en desarrollo es porque hoy en día hay más países (lo que significa más población) en desarrollo que países desarrollados.

Por otro lado, el porcentaje de casas con acceso a internet a nivel mundial es de 46.4% del cual 34% es de países en desarrollo. Aunque, es de destacar que dentro de los países desarrollados, el 81.3% de las casas tienen acceso a internet y el 82.2% de los individuos están conectados a internet. En el caso de los países en desarrollo, el 34.1% de las casas tienen acceso a internet y el 35.3% de los individuos están conectados a internet.

Go-Globe, la compañía especializada en servicios web corporativos y otras distintas áreas (con más de 500 proyectos exitosos para clientes en más de 25 países) creó un blog en su página web en el que revela estadísticas y tendencias relacionadas a las redes sociales alrededor del mundo. Estiman que jóvenes entre 18 y 24 años de edad invierten aproximadamente más de 37 horas semanales en redes sociales. El porcentaje de tiempo invertido por las personas en las redes sociales ha aumentado aproximadamente un 21% entre el año 2014 y el 2015.

Según la United Nations Found For Population Activities (UNFPA), el planeta ya cuenta con cerca de 1.800 millones de jóvenes entre 10 y 14 años de edad, eso significaría ¼ parte de la población mundial, que es aproximadamente 7.3 mil billones de personas (cifras de 2015).

Silvia Villadangos y Francisco Labrador, psicólogos, en su investigación denominada "Menores y Nuevas Tecnologías (NT) ¿uso o abuso?" realizada en Madrid España, refieren una alta frecuencia en el uso de las NT en los adolescentes, destacando que entre 12 y 17 años de edad dedican un promedio de 6.41 horas al día. El estudio se llevó a cabo con una muestra de 1.710 menores escolarizados en la Comunidad de Madrid.

- 97 % de los jóvenes se conecta diariamente a Internet.
- Los más pequeños entre 1 y 2 horas, los más grandes 2 o más horas
- Las chicas se conectan más horas que los chicos, tanto en la semana como en el fin de semana. Esta intensidad de las chicas se da porque para ellas significa comunicación con sus amigos. Sin embargo, los varones entre 14 y 17 años se interesan más por navegar en los juegos en línea.
- El límite de tiempo de conexión no es establecido por los adolescentes porque no lo perciben, son los padres o responsables de la crianza quienes lo establecen.

- La mayoría de los jóvenes reconoció que Internet le ha generado algún tipo de dificultad, por ejemplo, discusiones en el hogar, diferencias con amistades, entre otras.

Otras investigaciones refieren que el videojuego es una forma de entretenimiento para niños, adolescentes, jóvenes y adultos. Pero, llama la atención que la mayoría de los jóvenes afirman experimentar una sensación de "alivio" mientras juegan, vale preguntar "alivio" a qué. En cuanto al uso de la telefonía celular muchos jóvenes dicen experimentar ansiedad si no tienen el celular con ellos.

En un reportaje hecho por la cadena de noticias BBC Mundo, abordaron como ha afectado y el nivel al que puede llegar la adicción a internet en jóvenes en China. Aunque también en muchas otras partes del mundo existen estas manifestaciones. Es alarmante lo que reveló este artículo: en un documental llamado *Web Junkie* que está enfocado en experiencias de jóvenes internados en centros de rehabilitación, exponen los métodos de recuperación que utilizan, y comienza desde que los padres llevan a sus hijos a los centros donde recibirán tratamiento. Primero que nada, los padres con mucho temor y preocupación ven como sus hijos más allá de tener en varias ocasiones conductas agresivas o crueles, producto de la adicción, aislarse de la vida social, entre otros, llegan al extremo de robar dinero para financiar los juegos. E incluso, llegan al punto de utilizar pañales para no tener que pararse de la computadora y no afectar su rendimiento en los juegos. De hecho, muchos jóvenes han desarrollado coágulos en las piernas, tras pasar días enteros seguidos sentados jugando en la computadora.

Por otro lado, Hilarie Cash, una de las fundadoras de *reStart* (un programa de rehabilitación de Washington, Estados Unidos) declaró a BBC Mundo que han tenido pacientes entre 18 y 28 años de edad que llegan a padecer problemas de sobrepeso debido a que descuidan su salud física, o viceversa, comienzan a perder peso más de lo saludable porque dejan de comer. También Hilarie Cash destaca los comportamientos que ve en jóvenes con diagnóstico de adicción a la tecnología al llegar al centro de rehabilitación y no estar conectados, es generalmente mal humor, están muy irritables, molestos hasta el punto en el que en algunos casos tiemblan. Muchos inclusive experimentan depresión.

Estas son algunas de las manifestaciones que presentan los jóvenes al dejar de estar estimulados por lo que les genera adicción: llámese internet, juegos o redes sociales. Esto es lo que los especialistas llaman el **síndrome de abstinencia**. En base a esto, Hilarie describe el tratamiento que ofrecen a estos jóvenes: primero aclara que es un proceso largo. La primera etapa es a la que le llaman "desintoxicación" que dura aproximadamente tres semanas. Luego, les inculcan actividades saludables y a la vez les enseñan habilidades básicas como por ejemplo: entrenar físicamente, cocinar, sesiones de terapia. Más que todo son actividades al aire libre, donde puedan encontrar un espacio sano y en el que se sientan cómodos y que están teniendo un tiempo dinámico. En total, el tiempo requerido para la recuperación es de nueve meses aproximadamente. Sin embargo, las actividades y el tiempo que pasan en el centro de rehabilitación varía dependiendo de los pacientes.

Lamentablemente, el número de personas que padecen este trastorno sigue en aumento, declara Hilarie a BBC Mundo. Colocar coma y punto al final: La noticia esperanzadora, es que están buscando ayuda profesional debido a que hoy en día hay más consciencia acerca del tema. Esta enfermedad no afecta solo a los jóvenes, algunos centros de rehabilitación han atendido a pacientes de 68 años de edad que padecen este trastorno.

Hablar del avance de la tecnología exige hablar de adolescencia porque hay características de esta etapa y de este fenómeno que pueden confundirse, y además, son ellos –los adolescentes- los más propensos o susceptibles a estas nuevas alternativas, no solo por lo atractivas que son en sí mismas, sino por la característica de la etapa en la que se encuentran.

ADOLESCENCIA

La adolescencia es la fase de la construcción de la identidad en la que hay cambios del desarrollo biológico, psicológico y social. Se divide en tres etapas: Pubertad (entre 12 y 14 años). Adolescencia media (entre 15 y 16 años). Adolescencia tardía (entre 17 y 20 años).

Las características de estas etapas pueden variar de un adolescente a otro. Sin embargo, hay rasgos comunes o frecuentes: es la despedida de la niñez y la bienvenida a diversos cambios. Uno de ellos el hormonal y físico (desarrollo de los órganos reproductores y los genitales externos). En las chicas se produce el crecimiento de los pechos y ensanchamiento de las caderas y aparece el vello facial y el cambio de la voz en los chicos. Este cambio hormonal también afecta el funcionamiento del sistema nervioso central, afectando factores como el humor, el comportamiento y se reactiva la energía sexual.

Se presenta la confusión de la identidad, la imposibilidad de desarrollar una idea de sí mismo coherente y parte de la crisis de identidad consiste en pasar de ser dependiente a ser independiente. Se producen cambios a nivel del pensamiento, empieza a existir un pensamiento lógico, formal, el cual les permite pensar en ideas y les da la capacidad de reflexionar.

El llamado "intelectualismo" es un mecanismo de defensa que el adolescente utiliza asiduamente. Este se manifiesta en el interés de las ideas, en la búsqueda de información, por lo que es normal que discuta acerca de lo que piensa con sus amigos y padres. A partir de este nuevo tipo de pensamiento formal se incorporan al mundo de los adultos, comienzan a tener noción sobre su futuro, se incorporan en la sociedad y cuentan con un mayor dominio de sus impulsos.

Es la atapa de la creatividad, de escribir un diario, de la música, el arte, la poesía, el deporte; de reflexionar y cuestionar sobre moral, religión, ética, labores humanitarias, etc. Es el período donde consiguen grupos de compañeros que les permiten sentirse seguros dentro de una zona intermedia que ya no es la familia ni la sociedad.

Durante la adolescencia se cuestiona la pertenencia familiar por la necesidad de buscar nuevos referentes que definan su identidad. El grupo de amigos les ofrece la apertura hacia lo no-familiar. Es el momento en el que intentan ser libres pero todavía no pueden porque dependen de sus padres y se sienten ligados a ellos. Se ven a través de los ojos de sus amigos, su autoestima puede verse afectada ante cualquier elemento en su apariencia física que lo diferencie del resto, ropa, conducta, entre otros.

En la adolescencia media el desarrollo físico ha concluido y falta realizar la integración con la sociedad. En este momento los adolescentes tienen fuerza personal y no solo grupal. A medida que va pasando el tiempo el adolescente comienza a mezclar los valores externos con sus propios valores personales. Al comienzo de la edad adulta, se ha establecido una nueva conciencia, debe ser capaz de cambiar y crecer para acomodarse a las nuevas situaciones de la vida. Cuando el adolescente comienza a sentirse independiente de su familia y ésta lo apoya, empiezan a encontrar respuestas a preguntas como "¿Quién soy?" y "¿A dónde voy?".

Para los padres de adolescentes, la dinámica de esta edad implica adaptaciones en el trabajo, matrimonio y lidiar con sus propios cambios, además de tener que enfrentarse a la dinámica que acompaña al adolescente por la necesidad de independencia de la familia y la fuerte sexualidad; todo esto genera en los padres mucha ansiedad dando lugar a la "normal" actitud controladora.

Estar conscientes de la etapa en la que están los hijos permite comprender que es normal lo que ocurre no es que haya un problema y tampoco significa que hay que dejarlo hacer todo por su cuenta porque está en alguna etapa determinada; saber lo que está viviendo como parte de su ciclo evolutivo permite acompañarlo de la mejor manera posible, facilita que el padre conozca cuáles son los límites y ayuda que requiere, comprenderlo y apoyarlo para que transite esa etapa de una manera exitosa. Entender lo que ocurre en la mente y emoción de los adolescentes ayuda a aproximarse respetuosamente a su ser para cuidarlos como se desea y como ellos necesitan.

A veces se puede sentir que todo está de cabeza, se siente la presión ante el avance de la tecnología que, por un lado facilita muchísimas cosas cotidianas, sin embargo, al mismo tiempo invita a mirar los dispositivos electrónicos constantemente, ante lo cual se sabe que conviene establecer límites, y muchas veces se desconoce cómo hacerlo. Se está ante una sociedad de consumo que ofrece permanentemente algo mejor y más avanzado. Los hijos pequeños están demandando cada vez más algún juego o consola tecnológicamente más nueva y, si es adolescente, está cada vez más absorbido por las redes sociales y el entorno con todos sus riesgos. Esta realidad ha alcanzado a muchos. No es ajena, que sucede en la casa del vecino. La invitación es a no permitir que el entorno controle de ninguna manera la vida, sueños y objetivos de su familia.

Por lo tanto, para todos los que desean expandirse tanto como la tecnología lo facilite, sin perder lo esencial y valioso de la vida que es el contacto con los seres humanos, están obligados a ser creativos y determinados en no dejarse robar el espacio esencial del amor.

Capítulo 3

¿Qué es el coaching?

Dos ciegos:
¡Señor, Hijo de David, ten compasión de nosotros!
Jesús: ¿Qué quieren que haga por ustedes?
Mateo 20:32

Preguntar lo "obvio". Escuchar.
Técnica usada por Jesucristo hace más de 2000 años

Para hablar de coaching y definir su significado conviene comenzar por conocer de dónde surge la palabra coach (coche) que es de origen húngaro. De la ciudad de Kocs, donde se formó la palabra kocsi. Dicho término *kocsi,* pasó al alemán como *kutsche,* al italiano como *cocchio* y al castellano como coche. Por lo tanto, la palabra *coach* deriva de *coche,* que tenía la función de transportar personas de un lugar a otro.

Así mismo, el coaching metafóricamente se utiliza para transportar a personas del lugar donde se encuentran hasta el lugar donde quieren estar. El *coach* es el conductor del carro y acompaña en el proceso de desplazamiento al *coachee* (cliente), quien decide que rumbo seguir.

Breve recorrido por la historia del coaching

Ahora, dónde se encuentra el antecedente de la práctica de esta disciplina es en Sócrates, filósofo ateniense (470 años a.C.), quien creó un método llamado *"mayéutica"* que consistía en un proceso inductivo a través de preguntas reveladoras a sus discípulos mediante las cuales lograba traer a la luz las cualidades y respuestas que éstos ya tenían en su interior. Posteriormente, esta práctica también se dió en los diálogos de Platón (Atenas, 428 a.C.) basados en una secuencia de preguntas y respuestas, a través de las cuales se puede reconocer la estructura arcaica de una sesión de Coaching. Luego, se encuentra con la ética aristotélica, basada en la búsqueda de la felicidad, lo cual, sigue siendo la gran motivación que subyace a las sesiones de Coaching.

Posteriormente los ingleses comenzaron a utilizar la palabra Coaching que originariamente se utilizó para nombrar el carruaje. Pero no es sino a partir de 1850 que también se veía en las universidades inglesas para la figura del entrenador, pues procede del verbo inglés "to coach" que viene a significar "entrenar". Por lo tanto, el coach es quien "entrena" y el coachee es quien "recibe entrenamiento".

A mediados de los años 70 comenzó a aplicarse dentro del ámbito deportivo cuando Timothy Gallwey (profesor de literatura y capitán en la Universidad de Harvard del equipo de tenis) se dio cuenta de que el principal freno de un deportista no estaba en su cuerpo sino en su mente, y creó un método, que es de donde nace su libro *"El Juego Interior"*. Después, John Whitmore (piloto, hombre de negocios y coach) llevó el método de Gallwey al medio empresarial inglés con gran éxito, convirtiéndose en el precursor del Coaching de Negocios, Coaching Ejecutivo, y Coaching Personal. De hecho, ambos son los principales exponentes de la corriente del Coaching Humanista, originado y desarrollado principalmente en Europa, y cuya práctica está basada en la aplicación de herramientas de la Psicología Humanista y pone el énfasis en el ser humano, en su potencial interior y en la capacidad de elección de una vida mejor.

Thomas Leonard es reconocido a nivel mundial como uno de los pioneros del Coaching profesional estadounidense. Murió en el año 2003 y fue el creador de la "Internacional Coach Federation" (ICF) y la "International Association of Coaching" (IAC), creó también la "Coach University" y la "Graduate School of Coaching", escribió seis libros sobre el tema, creó 28 programas de desarrollo personal y fue CEO de CoachVille. com, un portal de Coaching en inglés reconocido como el más importante del mundo.

DEFINICIONES DE COACHING

Encontramos que el coaching cuenta con diferentes definiciones y las variaciones están basadas en las siguientes escuelas:

La "International Coach Federation", pone el foco en los resultados, "El Coaching es una relación profesional continuada que ayuda a que las personas produzcan resultados extraordinarios en sus vidas, carreras, negocios u organizaciones. A través de este proceso de Coaching, los clientes ahondan en su aprendizaje, mejoran su desempeño y refuerzan su calidad de vida."

La Sociedad Francesa de Coaching pone su atención en las necesidades del coachee, "Coaching es el acompañamiento a una persona a partir de sus necesidades profesionales para el desarrollo de su potencial y de su saber hacer".

La Escuela Europea de Coaching coloca el acento en el método: "Coaching es el arte de hacer preguntas para ayudar a otras personas a través del aprendizaje, en la exploración y el descubrimiento de nuevas creencias que tienen como resultado el logro de los objetivos."

Timothy Gallwey[4] coloca la importancia de la conversación: "El Coaching es el arte de crear un ambiente a través de la conversación y de una manera de ser, que facilita el proceso por el cual una persona se moviliza de manera exitosa para alcanzar sus metas soñadas."

John Whitmore, se centra en el alcance: "El Coaching consiste en liberar el potencial de una persona para incrementar al máximo su desempeño. Consiste en ayudarle a aprender en lugar de enseñarle."

Talane Miedaner[5] "El Coaching cubre el vacío existente entre lo que eres ahora y lo que deseas ser. Es una relación profesional con otra persona que aceptará sólo lo mejor de ti y te aconsejará, guiará y estimulará para que vayas más allá de las limitaciones que te impones a ti mismo y realices tu pleno potencial"

PLANTEAMIENTO DE LAS DISTINTAS ESCUELAS

A continuación brevemente se resume el planteamiento de cada una de las escuelas: Coaching Norteamericano, Coaching Europeo y Coaching Suramericano.

Coaching Norteamericano

Se centra en incrementar la autoestima y desafía a los coachee a pasar a la acción, dar lo mejor de sí, como ningún otro estilo de Coaching.

---

[4] Timothy Gallwey, autor del método The Inner Game, pionero del Coaching en el ámbito deportivo.

[5] Miedarner, Talane (2002). Coaching para el éxito. Barcelona: Urano

Leonard desarrolló una manera de hacer Coaching basada en el modelo denominado por él mismo 5x15; esto significa que existen 5 elementos interrelacionados, cada uno de ellos compuesto por 15 ítems. A continuación se citan los cinco elementos que se interrelacionan:

1) **Las competencias de un coach** exitoso en una sesión.
2) **Los clarificadores**, revelan la esencia que expresa el cliente, permitiendo que el Coaching se oriente hacia lo que resulte más importante en un momento determinado.
3) **Los productos del Coach** son una variedad de aportaciones que se pueden ofrecer al Coachee en distintos momentos con la intención de colaborar con él.
4) **Los marcos**, son las creencias en las que se mueve el Coach que le dan la posibilidad de ampliar los mapas mentales del cliente.
5) **Las formas de relacionarse con el cliente**, para que el Coaching sea fructífero.

Coaching Europeo:

En realidad tiene sus orígenes en el modelo norteamericano, y Timothy Gallwey elaboró el sistema de aprendizaje que denominó *"El juego interior"* (The Inner Game). Para este autor, el Coaching consiste, como se vio en los conceptos anteriores, en liberar el potencial de una persona para que alcance su desempeño al máximo. Esta teoría plantea que un Coach debe ser capaz de ver a las personas como pueden llegar a ser y no como son.

En base a lo anterior el Coaching Europeo plantea la utilización de las siguientes premisas para alcanzar un coaching exitoso:

1. **Elevar en el cliente la conciencia.** Es decir, la capacidad de darse cuenta. Esto le permitirá al Coachee conocerse

a sí mismo y le dará la posibilidad de identificar el lugar al que quiere llegar.

2. **Asumir la responsabilidad**, que implica llevar al Coachee a reconocer que es dueño de sus acciones, por lo tanto, hacerse responsable es la única manera de tener el poder de cambiar su vida. En lugar de juzgarse, cuando se hace responsable, encuentra qué hacer, y cómo intervenir, lo cual le dará la posibilidad de actuar.

3. **Desarrollar la confianza en sí mismo** ofrece la posibilidad de conseguir aquello que desea. Cuando el cliente sienta confianza en sí mismo, creerá en lo que hace y en lo que es, en los demás, en el futuro, en el entorno y tendrá una actitud abierta al cambio y a la posibilidad.

El modelo GROW

Es creado por Graham Alexander y difundido por Whitmore y su objeto es ofrecer de manera sencilla una ruta para lograr metas u objetivos abarcando cuatro etapas:

GOAL: Se refiere a las diferentes metas que se plantea el Coachee durante su proceso.

REALITY: Se trata de la situación presente. El Coach busca que su cliente sea consciente de su realidad con preguntas que apuntan a los hechos y que ayudan a pensar, a fin de lograr sus metas.

OPTIONS: El cliente encontrará un número suficiente de opciones, al menos cinco, para lograr su meta y objetivo.

WHAT, WHEN, WHO, WILL: Tiene que ver con lo qué ese va a hacer, cuándo, cómo y con quién, además de la voluntad de hacerlo. De esto se trata el plan de acción, en el que además de hacerle a la opción seleccionada estas cuatro preguntas se evalúan, los posibles obstáculos, los apoyos, etc.

La escuela chilena (coaching ontológico)

Se basa en las ideas y el trabajo de Fernando Flores, que posteriormente Rafael Echeverría desarrolló en su libro "Ontología del Lenguaje" (1994).

Esta propuesta ontológica se centra en ayudar al cliente a identificar qué tipo de observador está siendo y le enseña a convertirse en un observador diferente que le permita afrontar de manera más eficaz las situaciones de su día a día y en la medida que aprende a observar las cosas de una manera diferente, aprende también a actuar diferente.

ESTA ESCUELA SE FUNDAMENTA EN TRES POSTULADOS:

1. **Interpreta a los seres humanos como seres lingüísticos**. El lenguaje es lo que define al ser humano en su particularidad. El lenguaje es la clave para comprender a los fenómenos humanos.
2. **El lenguaje es generativo**. El lenguaje siempre ha servido para describir la realidad. El lenguaje crea realidades, genera el ser; es decir, la forma como hablamos ayuda en la creación del ser que somos. Cuando hablamos, modelamos nuestra identidad y el mundo en que vivimos.
3. **Los seres humanos se crean a sí mismos en el lenguaje y a través de él**. Esta concepción nos da un enorme poder y la capacidad de jugar un papel activo en el diseño del tipo de ser en el que queremos convertirnos.

Para resumir y tomando en cuenta el enfoque de cada una de las escuelas, sea por el resultado, necesidades del Coachee, método aplicado ó alcance del coaching, tenemos que, cualquiera de ellas llevará al cliente a conocerse, focalizarse en metas, aprender, explorar y descubrir; lo cual traerá como resultado la mejora, desarrollo del potencial, logro de objetivos, alcance de sueños y el máximo desempeño del Coachee.

¿Qué hace un Coach?

Para destacar qué hace un Coach vamos a mostrar en las próximas líneas esas diferencias entre éste y un mentor, asesor, tutor y psicólogo; Y es que, la invitación de este libro es a promover en los padres el asumir, en algunas instancias, el rol de Coach con sus hijos de manera muy clara y específica, porque en honor a la verdad los padres juegan todos estos roles y más.

Mentor: Es una persona que transfiere su conocimiento y experiencia a otra persona. Guía, estimula, desafía y eleva el potencial de una persona.

Asesor: Es aquella que tiene respuestas a nuestros problemas. En ese caso la relación consiste fundamentalmente, en aceptar esas soluciones, aplicarlas según las instrucciones del asesor.

Tutor: Es el defensor, protector o director en cualquier línea.

Psicólogo: es aquel que trata las patologías o se enfocan directamente en el problema que tiene el paciente, como por ejemplo depresión, abusos de drogas, pérdida de un ser querido, ruptura sentimental.

Coach: Es una persona que ayuda a conseguir sueños, metas, objetivos, colabora para que se haga lo necesario, abre las posibilidades para que cada quien descubra o re-descubra qué quiere.

Un padre en su rol de coach tiene la posibilidad de ocuparse de atender los cambios permanentes de su hijo, ofrecerle herramientas para transformar la imaginación en objetivos y logros concretos, ayudarlo a conocerse, focalizarse, aprender, explorar y descubrir a través de sencillas preguntas que le ayuden a entrenarse en el conocimiento de sus emociones, a fin de que alcance su máximo desempeño, así como el desarrollo de su potencial.

El coaching tiene su asiento en varias disciplinas. Sin embargo, esta propuesta se apoya dos columnas principales: La inteligencia emocional y la Programación Neurolingüística. Estas dos disciplinas tienen recursos valiosos en la labor de crianza de los padres.

INTELIGENCIA EMOCIONAL

Lo primero es saber que tener inteligencia se trata de saber tomar decisiones acertadas y contar con inteligencia emocional tiene que ver con la habilidad de tomar esas decisiones teniendo en cuenta las emociones y haciendo que trabajan a favor, es decir, tenerlas en cuenta para que ayuden y no obstaculicen.

Se poseen dos mentes: Una mente racional y una mente emocional, la racional que es consciente, se ocupa de reflexionar, analizar y meditar, la emocional es la que actúa, responde y reacciona ante las situaciones, la verdad es que estas dos mentes cohabitan y funcionan juntas ante todos los acontecimientos de la vida.

¿QUÉ ES LA EMOCIÓN?

Según el *Oxford English Dictionary,* "cualquier agitación y trastorno de la mente, el sentimiento, la pasión, cualquier estado mental vehemente o excitado" y están expresadas por las principales que han identificado los investigadores y conocedores de la materia como serían; "**Ira:** de la que se derivan, furia, ultraje, resentimiento, cólera, exasperación, indignación, aflicción, acritud, animosidad, fastidio, irritabilidad, hostilidad y, tal vez en el extremo, violencia y odio patológico. **Tristeza:** congoja, pesar, melancolía, pesimismo, pena, autocompasión, soledad, abatimiento, desesperación y, en casos patológicos depresión grave. **Temor:** ansiedad, aprensión, nerviosismo, preocupación, consternación, inquietud, cautela, incertidumbre, pavor, miedo, terror; en un nivel psicopatológico, fobia y pánico. **Placer:** felicidad, alegría, alivio, contento, dicha, deleite, diversión, orgullo, placer sexual, estremecimiento, embeleso, gratificación, satisfacción, euforia, extravagancia, éxtasis y, en el extremo manía. **Amor:** aceptación, simpatía, confianza, amabilidad, afinidad, devoción, adoración, infatuación, ágape (amor espiritual). **Sorpresa:** conmoción, asombro, desconcierto. **Disgusto:** desdén, desprecio, menosprecio, aborrecimiento, aversión, disgusto, repulsión. **Vergüenza:** culpabilidad, molestia, remordimiento, humillación, arrepentimiento, mortificación y constricción."[6]

La realidad es que la mente emocional es más rápida que la mente racional, no se detiene, analiza, reflexiona. Es por ello que los sentimientos se ponen de manifiesto primero y luego los pensamientos.

Cociente Intelectual CI

Se refiere a la inteligencia académica con la que mide a las llamadas "mentes brillantes". Son los indicadores que están presentes en las pruebas a través de las cuales nos miden para entrar algunas escuelas, universidades, incluso en algunos trabajos, con las que evalúan si estas por debajo de 80, entre 90 y 100, o por encima de 100 de cociente.

---

[6]   Goleman, Daniel (2012). La Inteligencia Emocional. México: Bantam books

La realidad actual nos dice a través de importantes estudios que una persona puede tener un alto nivel de inteligencia cognitiva, académica, sin embargo, puede ser fracasada si no cuenta con inteligencia emocional. Goleman plantea en su libro "La Inteligencia Emocional", *"el CI intelectual contribuye aproximadamente en un 20% a los factores que determinan el éxito en la vida, con lo que el 80% quedan para otras fuerzas (...). "Aunque un CI intelectual no es garantía de prosperidad, prestigio ni felicidad en la vida, nuestras escuelas y nuestra cultura, se concentran en las habilidades académicas e ignoran la inteligencia emocional, que son un conjunto de rasgos – que algunos podrían llamar carácter—también tiene una enorme importancia en nuestro destino personal"*[7].

Estudios demuestran que personas hábiles emocionalmente, que conocen, interpretan y manejan adecuadamente sus emociones, tienen mayores ventajas en las distintas esferas de su vida que las que pueden ser y de hecho son más inteligentes en términos de cociente intelectual y carecen de inteligencia emocional, ya que logran ser exitosas en su vida sentimental, en sus relaciones con otros, tienden a sentirse más satisfechas, realizadas y se vuelven más productivas.

COMPONENTES O HABILIDADES DE LA INTELIGENCIA EMOCIONAL

Goleman cita los lineamientos de Gardner y Salovey quienes aportaron como agregar inteligencia a las emociones como una fórmula para alcanzar el éxito en la vida. Y la propuesta es ampliar esta capacidad en cinco esferas principales:

1. **El autoconocimiento** (conocer las propias emociones). Se refiere a la conciencia de uno mismo,

---

[7]   Goleman, Daniel (2012). La Inteligencia Emocional. México: Bantam books

a reconocer que emoción se está sintiendo en el mismo momento que está ocurriendo. Las personas que están más claras acerca de sus emociones cuentan con mayor capacidad de tener control de su destino, se sienten más seguras de las decisiones que toman porque están claras y con mayor certidumbre de lo que están sintiendo.

2. **El autocontrol** (capacidad de manejar las emociones). Esta habilidad está estrechamente vinculada a la anterior y consiste en manejar los sentimientos para que sean adecuados de acuerdo con las circunstancias, por lo cual, es fundamental primero conocer que emoción está presente a fin de poder manejarla, se refiere a la capacidad de serenarse, librarse de la irritabilidad, la ansiedad, la melancolía, así como de la impulsividad ante arrebatos de rabia.

3. **La auto motivación** (ser capaz de motivase a sí mismo). Tiene que ver con persistir frente a los obstáculos o fracasos, se trata también de esa capacidad de postergar la gratificación y contener la impulsividad para alcanzar logros o metas superiores. Esta habilidad hace a las personas más productivas y eficaces ante cualquier cosa que emprendan.

4. **La empatía** (reconocer emociones en los demás). Inspirada también en el autoconocimiento, la empatía atiende a esa capacidad de tener oídos y ojos para captar la realidad y necesidad de otros más allá de la propia realidad o necesidad. Consiste en ser sutiles y sensibles al entorno que muestra lo que otros necesitan o desean. Contar con esta competencia hace a las personas más exitosas, profesionales y sociables.

5. **Las relaciones con los otros** (manejar las relaciones). Es la habilidad de manejar las emociones de otros, establecer relaciones profundas, sólidas y de calidad. Es el ser percibido por otros como una persona confiable,

segura, que sabe lo que quiere, que respeta y reconoce a otros.

PROGRAMACIÓN NEUROLINGÜÍSTICA PNL

Entendiendo que el coaching es una disciplina que lleva a una persona de un punto A a un punto B, donde el punto A es el lugar en el que se encuentra en este momento, en el cual, además, no quiere estar, y el punto B es el lugar a donde quiere llegar (la meta u objetivo), la PNL coopera de manera eficiente para que cualquier persona logre lo que desea, en el tránsito del punto A al punto B.

PNL (Programación Neurolingüística) en la que "Programación" traduce la manera de ordenar las acciones para alcanzar las metas. "Neurología" es el modo en que se piensa (la mente) y, "Lingüística" se ocupa del modo de utilizar el lenguaje y en cómo éste afecta la forma de vivir. Basado en esto, el Coaching se apoya en la PNL para identificar cuál es la forma de pensar y utilizar el lenguaje de su cliente, ayudarle a reconocerlo, transformarlo y de esa manera alcanzar las metas propuestas.

La PNL se ocupa también del modo en el que cada individuo estructura su experiencia subjetiva, es la manera de pensar desde las creencias y los valores propios y de cómo se viven los estados emocionales y el significado que se le da al mundo interior.

La PNL permite alcanzar metas de manera más rápida y práctica porque si algo no funciona busca otra alternativa (cambia la estrategia, no la meta), induce a observar cómo lo hace e invita a encontrar formas de hacerlo mejor. Para ello, identificará con claridad cómo los objetivos están influenciados por las creencias y los valores, de modo que utiliza técnicas sencillas que permiten alinearlos. Esto se logrará con el poder de la sintonía y la confianza.

VALORES

El aporte de la PNL al coaching consiste en cómo los objetivos, los valores y las creencias interactúan entre si. Esto significa que si una persona se fija una meta u objetivo y ésta se contrapone, o entra en conflicto con sus valores y creencias muy probablemente esa meta no se alcanzará porque los valores son los que realmente le importan. Son los que determinan el centro del individuo, los principios que rigen las acciones, los que brindan el impulso y la fuerza a lo que se hace.

Los valores tienden a ser abstractos. A continuación mencionamos algunos de ellos: Amor, respeto, honestidad, solidaridad, diversión, seguridad, integridad y la amistad. Y es que el Coaching comienza con el valor que tiene el cliente para lograr que observe la posibilidad real de moverse hacia el lugar que desea, para identificar un valor se puede preguntar. ¿Qué es importante en relación con…? ¿Qué es lo que le importa en esto? o ¿Qué obtiene haciendo esto? Otra manera de encontrar que valor es central para usted es considerando una metáfora y preguntándose ¿Quién soy cuando hago esto?

Los valores pueden depender del contexto, por ejemplo, en la familia un valor central es la diversión y en la vida profesional ese valor no está presente. Sin embargo, hay valores que son fundamentales para algunas personas y estarán presentes en cualquier contexto, uno de ellos: El respeto.

Todo objetivo, meta o logro está determinado por un valor. De allí la importancia de tener claro cuáles son los valores que lo rigen. Recordemos que las metas pequeñas o grandes, individuales o familiares, estarán determinadas por esos valores.

CREENCIAS

Las creencias están presentes en todo lo que se hace. Son las reglas por las que se rigen las personas. Por ejemplo, un individuo puede decir: "Creo que comer en pocas cantidades me dará salud". Es evidente que la persona que tiene esa creencia comerá en pocas cantidades, por eso O´Connor en su libro "Coaching con PNL" asegura que "Si quieres saber qué es lo que cree una persona, fíjate en lo que hace". Las creencias pueden ser potenciadoras y liberadoras o que obstaculicen o limiten la acción, esto significa que, una creencia coloca a un individuo en la posición de pensar y actuar considerando que lo quiere alcanzar, es posible y en consecuencia se moverá hacia ello o también puede conducir a pensar que eso no se podrá hacer o lograr, por lo tanto, ni lo intentará.

Las creencias se construyen con base en la experiencia. Lo que se ve, aquello que se escucha y luego actúa como si fueran ciertas, si crees que eres una persona sociable actuarás como tal, por lo tanto, si se adquiere una creencia por lo vivido, visto y escuchado y en algún momento se comprueba que no necesariamente es así, es posible que se tenga que cambiar o sustituir esa creencia. Hay creencias nucleares, que son aquellas que determinan la identidad, (Quién soy). Son las que le brindan soporte a la vida por ello son muy difíciles de cambiar.

El coaching con PNL tiene la posibilidad de tratar con las creencias no solo para llevar a su coachee a alcanzar su meta, sino para resolver el problema que le impedía llegar allí por una creencia que le limitaba.

A continuación algunos ejemplos frecuentes de Creencias Limitantes:

• "Tengo que trabajar duro para tener mucho dinero"

- "No puedo lograr lo que deseo"
- "Después de un éxito viene un fracaso"
- "Todo lo que comienza mal termina mal"
- "Para ser feliz tengo que tener dinero"
- "Todos tienen más suerte que yo"
- "No soy capaz de hablar en público"
- "No soy bueno escribiendo"
- "Los demás son mejores que yo"
- "No soy inteligente como ellos"
- "No es posible cambiar esta situación"
- "Sin esfuerzo, no hay beneficio"

El coaching se apalanca de creencias potenciadoras para llevar a su coachee a alcanzar sus metas, objetivos y sueños, si crees que eres inteligente, valiente, feliz, importante, responsable y hábil, actuarás y emprenderás como tal. Es por ello que, como padres, conviene hacer una revisión de las creencias para transmitir a los hijos aquellas que los potencien y evitar las que los limitan. Para alcanzar un objetivo se necesita creer tres cosas fundamentales: Que es posible lograrlo (Posibilidad), que es capaz de alcanzarlo (Capacidad) y que usted merece alcanzarlo (Merecimiento). Si no están presentes algunas de las variables antes mencionadas, entonces hay trabajo por hacer.

A continuación se presenta un sencillo ejercicio que le permitirá identificar creencias limitantes, desinstalarlas e instalar nuevas que lo potencien haciéndolo capaz de hacer cosas que antes no hacía, porque creía que no era posible, que no era capaz o que no se lo merecía.

Ejercicio práctico:

Usted tiene un sueño que quiere transformar en meta porque está determinado que quiere alcanzarlo, sin embargo, hay una voz dentro de usted que le dice que eso no es posible.

FASE 1: Mis creencias

Objetivo: Comenzar a indagar las creencias limitadoras que se tienen (esa voz interna o pensamiento que le hace desistir, dudar, posponer) para que posteriormente pueda reemplazarlas.

¿Listo para un esfuerzo mental? ¡Adelante!

I. Escriba sus creencias (por lo menos tres) teniendo en cuenta esa meta.

1. _____

2. _____

3. _____

II. Piense desde cuando las tiene, si las considera sus amigos o sus enemigos y por qué razón.

FASE 2: Enterrando e instalando creencias

PASO 1. Escriba la creencia limitante de una manera clara y precisa. Por ejemplo, "El dinero solamente se logra cuando trabajas duro"

PASO 2. Piense en el diálogo interno que la creó, o del porqué existe esa creencia limitante en su vida. Esta creencia por ejemplo, "ganar dinero sin esfuerzo no está bien visto", o "yo no merezco ganar dinero fácilmente"

PASO 3. Observe el miedo que refuerza esta creencia: "Si gano dinero sin esfuerzo, soy una persona corrupta y una persona avara como esas personas ricas y perezosas"

PASO 4. Intente recordar experiencias que hayan alimentado u originado esta creencia limitante.

En este momento ya debe tener una buena idea, no solamente de lo que esa **creencia limitante** representa, sino también del por qué está ahí y cuáles son sus efectos, así como, cuál es el diálogo interno que la está generando.

Ahora necesita realizar lo siguiente:

1. Escriba qué es lo que hace a esta creencia limitante tan limitante y fuerte. "Si continuo interactuando en la realidad basándome en esta suposición, estaré trabajando mucho a cambio de muy poco dinero el resto de mi vida"
2. Escriba que es lo que hace que esta creencia limitante sea una idea ridícula y absurda: "No hay nada malo en ganar dinero, lo único malo es convertirse en una persona diferente y avara a causa del dinero"

Es importante tener una idea clara no solamente de lo que la creencia es y dentro de qué contexto existe, sino también del por qué es una idea ridícula. Si no tiene una idea clara de la razón por la que esta creencia está equivocada, no le será posible superarla.

Así que ahora que ha debilitado esa **creencia limitante** que le impedía avanzar, es necesario implantar una nueva creencia para que la anterior no tome de nuevo las riendas de su vida.

Para ello haga los pasos siguientes similares a los cuatro anteriores:

PASO 1. Escriba la nueva creencia potenciadora que reemplazará a la creencia limitante: "Ganar dinero sin esfuerzo es la mejor forma de vivir"

PASO 2. Qué clase de diálogo interno tendrá en la mente si mantiene esta creencia, escríbalo. "Ganar dinero sin esfuerzo, me da más tiempo para enfocarme en las cosas importantes de la vida, como mi familia, en lugar de ocupar todo el tiempo preocupándome de ir sobreviviendo día tras día"

PASO 3. En el PASO 3 anterior, definió el miedo que acompañaba a su creencia limitante, porque el miedo es el que le da poder. ¿De dónde obtendrá el poder su nueva creencia? "Ganar dinero fácilmente no me hace una persona diferente, a menos de que yo lo permita. Yo puedo utilizar el dinero para lograr un gran cambio en mi vida y en las vidas de los demás"

PASO 4. Ahora dedicará una cierta cantidad de tiempo para reforzar su nueva creencia. Lo mejor para que una creencia se instale es trabajar en ella conscientemente entre 30 a 40 días seguidos. Sin embargo, si le dedica una cierta cantidad de tiempo a implantar dicha creencia, decídalo antes de empezar.

Durante este tiempo vivirá como si de verdad creyera esta nueva creencia que está determinado en adquirir, entrenándose para pensar de esa nueva manera. Las creencias son las que definen sus pensamientos y además, si adopta una nueva forma de pensar durante un determinado tiempo, sus pensamientos pueden cambiar la situación y eso provocará que cambien sus creencias con el tiempo.

Es importante que recuerde su nueva creencia en todo momento y asegúrese de no olvidar su nueva creencia en las situaciones que lo requiera y puedan hacer que aparezcan pensamientos afines a su antigua creencia.

Ciertamente se adquiere mucha riqueza en todo lo visto anteriormente con el coaching, inteligencia emocional y programación neurolingüística como fundamento para ofrecer recursos a los padres a fin de que sean afectivos y efectivos en su rol en esta era digital, sin embargo, es importante cerrar esta base teórica con la propuesta que formula Don Ruíz en su libro Los Cuatro Acuerdos, porque consolida de manera sencilla acciones concretas para formar en los hijos la autoestima y un estilo de vida balaceado y feliz.

LOS CUATRO ACUERDOS

Para Don Ruíz *"desde que nacimos nos domesticaron el sueño, porque somos el resultado de lo que recibimos de todos los ambientes en los cuales crecimos, los padres, familia, escuela, iglesia, y comenzamos aprender que, para ser amados y aceptados debíamos hacer lo que nos decían, no tuvimos la posibilidad de elegir lo que queríamos creer, sin embargo, no podía ser de otra manera porque nuestros padres y los que nos rodeaban nos dieron de lo que ellos también recibieron."*

Se termina siendo el producto del sistema de creencias que nos trasmitieron y ese sistema es como un libro que gobierna la mente, por ello se requiere valentía para desafiar las creencias, porque aunque no fueron escogidas, la verdad es que son aceptadas y son parte de cada individuo, y de este libro de ley surge un Juez desde el ser interior que decreta sentencia sobre la Víctima.

Estamos llenos de miedos: A vivir, a expresar lo que sentimos por temor a no ser aceptados. Aprendimos a vivir según los parámetros de otros por miedo a no ser suficientemente buenos, deseamos ser buenos para los demás y lo cierto es que nunca lo seremos, bajo esta premisa nuestra imagen no es real, no somos perfectos y por ello nos rechazamos a nosotros mismos. Necesitamos que los demás nos acepten porque nos resulta difícil aceptarnos a nosotros mismos.

Nos rechazamos por la imagen que tenemos de la perfección, mientras mayor sea mi autoestima menor será mi auto-rechazo y mi maltrato, cuando no nos aceptamos a nosotros mismos tampoco somos capaces de aceptar a los demás.

PRIMER ACUERDO: SER IMPECABLE CON LAS PALABRAS

La palabra tiene poder, autoridad, fuerza para transformar. Impecabilidad significa sin pecado, es decir, que la invitación es hablar sin pecado, un pecado es cualquier cosa que daña, significa que cuando me juzgo voy contra mí, me hago daño, cuando juzgo a otros voy contra aquello que juzgo. En ese sentido, el ser impecable, es asumir la responsabilidad de lo que hacemos, sin juzgarnos ni culparnos. La primera tarea de la impecabilidad comienza con nosotros mismo, al utilizar palabras impecables cuando hablamos de nosotros.

Cuando otros opinan de forma negativa acerca de nosotros debemos perdonarlos, porque no son conscientes de lo que hacen y no aceptar esa opinión como parte de nuestros acuerdos. Los chismes son un veneno emocional que no está dentro del acuerdo de ser impecables con las palabras, mi opinión es simplemente un punto de vista y no tiene que ser necesariamente cierto, mi opinión proviene de mis creencias, de mi ego y de mi propio sueño y cuando hablo de forma negativa de otras personas lo que hago es esparcir veneno pensado que mi punto de vista es el correcto.

La autoestima se mide a partir de la impecabilidad de las palabras de la persona. A mayor amor por mí, mayor impecabilidad en mis palabras. La mente es una terreno fértil para las palabras que surgen de la malicia como las que surgen del amor, cuando se es impecable con las palabras la mente es un terreno fértil para las palabras que surgen desde el amor.

SEGUNDO ACUERDO: NO TOMAR NADA PERSONALMENTE.

Tomarse las cosas personalmente comienza con estar de acuerdo con lo que se diga, y en el momento que se está de acuerdo, entra el veneno. La máxima expresión del ego es tomarse las cosas personalmente, es pensar que todo gira en torno a nosotros, es creer que somos responsables de todo. Incluso cuando una persona me insulta, no es personal, no tiene nada que ver conmigo porque me insulta desde lo que está establecido en su mente y se basa en su sistema de creencias que no tiene que ser necesariamente cierto, y en caso de que sea cierto, no me lo tomo personal porque me conozco lo suficiente para estar bien y en caso de ser falso tampoco lo tomo de forma personal porque sé quién soy. Cuando sé quién soy y me amo, no tengo la necesidad de defenderme, no tengo la necesidad de tener la razón.

En el momento que vemos a las demás personas tal como son, lo que hagan o digan no nos dañará. El no tomar nada de forma personal se debe convertir en un hábito firme y sólido, de esta forma emociones como la rabia, los celos, la envidia desaparecerán. Cuando nos acostumbramos a no tomar nada de forma personal dejamos de depositar nuestra confianza en lo que hagan y digan los demás, nunca somos responsables de los actos de los demás, solo somos responsables de los nuestros. Cuando no me tome nada personal mis palabras se volverán impecables.

TERCER ACUERDO: NO HACER SUPOSICIONES

Cuando hago suposiciones creo que es cierto, real y allí comienza el problema. Suponemos cuando no estamos claros acerca de algo y no preguntamos o pedimos que se nos aclare porque tenemos miedo. Siempre será mejor pedir que nos aclaren que hacer una suposición, porque las suposiciones nos hacen sufrir, vemos y oímos lo que queremos y no percibimos las cosas como realmente son.

Hacer suposiciones nos lleva a discutir, tener dificultades y malos entendidos con personas que amamos. Suponemos que las personas que amamos saben lo que queremos y lo que sentimos y no es así, suponemos que los demás ven las cosas como yo las veo, piensan, sienten, juzgan y actúan como yo lo hago y no es así. Tememos ser rechazados al decir lo que sentimos o pensamos y antes de ser rechazados nos rechazamos a nosotros mismos, de esta forma no damos oportunidad a que nos rechacen y perdemos la oportunidad de ser felices y libres.

La invitación es a ser quienes somos sin presentar una imagen distinta, si me aman me aceptan como soy y si no me aceptan entonces no me aman.

La manera de evitar suponer es preguntar. Si no comprendo debo tener el valor de preguntar, todos tenemos derecho a preguntar y todos tenemos derecho a responder, cuando deje de suponer me comunicaré con claridad y sin veneno emocional.

Lo que hace que las cosas cambien es la acción, actuar una y otra vez fortalece la voluntad. Cuando no haga suposiciones mis palabras comenzarán a ser impecables.

CUARTO ACUERDO: HACER SIEMPRE LO MÁXIMO QUE PUEDA.

La propuesta de este acuerdo es limitarse hacer lo máximo que se pueda en cualquier circunstancia de la vida. Sin importar la condición en la que estemos, si hacemos lo máximo que podemos no nos juzgaremos, no haremos reproches, ni nos culparemos a nosotros mismos.

Hacer lo máximo que podemos no lleva a vivir intensamente, a ser proactivos y en consecuencia nos sentiremos satisfechos y felices. Actuar según este acuerdo es un reflejo de hacer las cosas porque se ama y no por recompensas.

Hacer lo máximo que se puede me lleva a aceptarme a mí mismo, siendo consciente de aprender de los errores y esto significa practicar, practicar y si me equivoco reconocer con honestidad y seguir practicando. Hacer lo máximo me lleva a disfrutarlo, hacerlo porque quiero y no porque otros me vean y reconozcan.

Los tres primeros acuerdos funcionan si aplico este de hacer lo máximo que puedo, posiblemente no voy a lograr cambiar los cuatro acuerdos, sin embargo, lo voy a seguir haciendo con excelencia hasta alcanzarlo. Voy a honrar y agradecer a Dios haciendo todo con lo máximo que pueda.

La verdadera libertad es ser quienes realmente queremos ser. Ya lo que ocurrió, recibí y aprendí sea bueno o no, pasó mi responsabilidad es con el futuro elegir vivir como perdedor o como ganador. Lo primero es hacer conciencia, luego ocuparme de hacer los cambios para alcanzar la transformación, reconocer cuál es mi sueño y alcanzarlo.

Todo se trata de mi autoestima, tener claro quién soy me permitirá ser impecable con mis palabras hacia mí y las demás personas, no tomarme nada de forma personal, ni lo bueno ni lo malo porque se trata de sistema de creencias de las otras personas. No haré suposiciones, preguntaré libremente porque no tengo temor de lo que me digan y haré lo máximo que pueda siempre en todo lo que haga, no para los demás, sino para sentirme satisfecho y feliz. Para consolidar estos cuatro acuerdos, practicaré y practicaré, hasta hacer lo máximo que pueda, rompiendo permanentemente los viejos acuerdos

Capítulo 4

A cualquier edad, 10 habilidades

Tus hijos no tendrán éxito gracias a los que
hayas hecho por ellos,
sino gracias a lo que le hayas enseñado
hacer por sí mismos.
Ann Landers.

La razón para proponer el Coaching como un recurso adicional a los que usted seguramente ya tiene para la crianza de su hijo, es porque, como padres, se tiene un sueño para los hijos, que no se trata únicamente de lo que se quiere que sean como profesionales cuando sean grandes, sino que se sueña que sean "felices" (entendiendo que la felicidad no es un absoluto) buenos estudiantes, en las artes, deportes o en lo que ellos elijan, que cuenten con buenos amigos. En resumen, como decía mi abuela: "Que sean personas de bien y que les vaya bien".

El coaching de manera práctica ayuda al coachee (hijo/niño/adolescente) a conocerse, a focalizarse en metas, a aprender, explorar y descubrir; lo cual, trae como resultado satisfacción y éxito, desarrollo del potencial, logro de objetivos, alcance de sueños y el máximo desempeño ¿qué padre no quiere eso para su hijo?

Si entrena a sus hijos en la **confianza en sí mismos**, está poniendo en sus manos la posibilidad de conseguir aquello que desea. Si confía en sí mismo, su hijo creerá en lo que hace y en lo que es, en los demás, en el futuro, en el entorno y eso le proporcionará una actitud abierta al cambio y a la posibilidad.

Si se entrena al hijo para que sea **capaz de estar consciente** de los distintos aspectos de su vida (emociones, fortalezas, oportunidades, debilidades, etc.) le permitirá conocerse a sí mismo y le dará la posibilidad de identificar el lugar al que quiere llegar.

Si se entrena al hijo para **asumir responsabilidad**, lo cual implica reconocer que es dueño de sus acciones, tendrá la posibilidad de hacer los cambios que requiera cuando necesite hacerlos; entenderá que equivocarse es parte de aprender y no lo hace un fracasado, por lo tanto, en lugar de juzgarse encontrará una nueva forma de hacer las cosas y actuará.

¿Quién entrena? El entrenador, el coach, que para este caso es el padre esa persona que ayuda a conseguir sueños, metas, objetivos. Usted como padre que ama a su hijo puede colaborar para que haga lo necesario para alcanzar su máximo potencial; usted puede abrir las posibilidades para que descubra lo que quiere y cómo llegar a eso.

Para que la tecnología, o ningún otro factor que pueda representar un riesgo, se interponga en el sueño que usted tiene para su hijo, y que su hijo tiene, se sugiere la incorporación de algunas de estas 10 habilidades que ayudarán a minimizar esas amenazas.

Afirmaciones reales y vividas por el autor:

Lo primero en lo que se sugiere trabajar es en el desarrollo de la inteligencia emocional, ahora, el primer paso para tomar decisiones acertadas (inteligencia) es conocer las emociones propias.

"¿Cómo te sentiste?", esa pregunta nunca me la hicieron cuando era niña, y si ocurrió, creo que fue tan pocas veces que no quedó registrado en mi memoria. Cuando viví algunos eventos en la escuela primaria o secundaria, cuando me gradué de bachiller, cuando me presenté en el teatro por primera vez, cuando me gradué en la universidad, cuando me paré ante un público, cuando aprendí a manejar un carro sincrónico sola (experiencia en la que sudé del susto) nadie me preguntó cómo me sentí. Podría hacer una lista interminable de experiencias donde viví todas las emociones que puede experimentar un ser humano (alegría, miedo, frustración, tristeza, satisfacción, etc.) y no recuerdo haber estado atenta a lo que sentía, sé que con todo el amor y cuidado me preguntaron: "¿Qué pasó?" "¿Cómo te fue?" "¿Cómo la pasaste?" "¿Quién te hizo…, y tú qué hiciste?" siempre las preguntas estaban en el hacer. Mi mamá, la persona que estuvo más cerca y presente en todas mis experiencias y etapas lo hizo excelente, porque fue con amor y con todo lo que tenía para dar a partir de lo que ella recibió.

Como fue lo que aprendí, así lo hice, siempre le pregunté a mis dos hijas cuando las iba a buscar al colegio o a cualquier actividad, "¿Cómo te fue?" "¿Qué hiciste?" "¿Qué aprendiste?" si les pasaba algo las preguntas eran: "¿Qué pasó?" y "¿Qué hiciste?" siempre centrada en el hacer y no en el sentir, sin embargo, pocas veces les hice la segunda pregunta que debe acompañar a cualquiera de las anteriores "¿cómo te sentiste?" "¿qué sentiste?" Que pregunta tan simple, valiosa e importante.

HABILIDAD 1 - CONOCERSE A SÍ MISMO.

Pregúntele a su hijo cada vez que sea necesario "¿Cómo te sentiste?" Porque el reconocimiento sobre qué está sintiendo, cuál es la emoción que está presente ante cualquier experiencia del día, es la clave para el autoconocimiento, la confianza en sí mismo y la autoestima. Es como que si se estuviera entrenando el músculo de mirar el ser nuestro interior.

No sé nada de entrenamiento físico, sin embargo, a una de mis hijas le gusta mucho la práctica del ejercicio y observo que mientras más se ejercita es más resistente, mientras más entrena sus músculos se hacen más fuertes, así que, la capacidad de mirar hacia el interior y reconocer las emociones propias es como un músculo, mientras más se ejercite más fuerte será, mientras más le pregunte a su hijo "¿cómo se sintió?" cada vez le será más fácil reconocer su emoción hasta que llegue el momento que de manera natural cuando hable de sus experiencias hablará de sus emociones.

Sin importar la edad de su hijo (niño, adolescente, joven), comience ya a entrenarlo en reconocer que está sintiendo, pregúnteselo frecuentemente. Cada vez que le pregunte "¿Cómo te fue?" luego de su respuesta en cuanto a lo que hizo o vivió, formule la segunda pregunta clave "¿Cómo te sentiste?". Si es necesario ayúdelo un poco, si la experiencia fue buena ofrézcale alternativas de emociones para que él identifique, como por ejemplo "¿Te sentiste feliz, alegre, emocionado?" si por el contrario la experiencia fue negativa pudiera ayudarlo preguntando "¿Te sentiste frustrado, triste, molesto?". Todo esto hacerlo de ser posible mirándolo a los ojos, tomándose el tiempo para escucharlo cuando responda; en la medida que él o ella vea que tiene su atención, sentirá que lo que está diciendo tiene valor, porque los hijos piensan que si es importante para sus padres, entonces realmente es importante y esa es una verdad muy poderosa para la construcción de la confianza y el autoconocimiento.

La razón para escribir este libro se debe a los aciertos y errores que ahora entiendo que cometí en mi experiencia de crianza. Una de mis fallas fue no preguntarle a mis hijas cómo se sentían y entre mis aciertos estuvo prestarles atención en lo que me contaban que les pasaba, las miraba a los ojos y me aseguraba de que sintieran que lo que les había ocurrido era de interés para mí.

¿Qué pasa si es un adolescente al que no se ha entrenado para que reconozca sus emociones? No se preocupe, hágalo de igual manera, comience ya a preguntar, si es posible coméntele que aprendió recientemente la importancia de hablar de las emociones y que de ahora en adelante le comenzará a preguntar acerca de lo que siente, seguramente no le entenderá, puede que le parezca una tontería, incluso al principio posiblemente le costará, no sabrá que responder, sentirá que no sabe que siente e incluso puede ser indiferente o mostrarse apático, sin embargo, el cerebro no se resiste a las preguntas; aunque no lo verbalice, su mente va a buscar la respuesta dentro de sí y de esa forma lo acompañará a que se introduzca en el fascinante mundo del reconocimiento de las propias emociones.

Otro efecto que tiene esta pregunta en el adolescente es que sentirá que es importante para sus padres, que están interesados en él o en ella, que quieren saber lo que hay en su corazón, que se preocupan por él o ella, y aunque por fuera su actitud sea de indiferencia, desinterés o fastidio, se sentirá amado y esa es una manera de tender puentes para el acercamiento.

¿Cómo lograr que los hijos cuenten sus experiencias? La clave está en la escucha activa, es decir, que su cuerpo y sus oídos estén en total congruencia para escuchar lo que le está contando, no horrorizarse ante nada aunque por dentro esté impactado, este aspecto incluye de manera importante la corporalidad, conviene estar atentos a lo que se está diciendo o transmitiendo con los gestos; por ejemplo, si en algún momento usted tiene ojos exaltados o de rabia, mueve la cabeza en señal de desaprobación aunque no esté diciendo nada, su hijo se sentirá cohibido y preferirá no seguir hablando, la clave es simplemente escuchar con atención y serenidad, no juzgar, no hacer comentarios negativos ni acerca de él, ni de las personas involucradas, ni de la situación, ni durante ni después de escuchar la historia, dejarle terminar de hablar y si la circunstancia lo amerita conversar para evaluar la situación entre ambos, hacer preguntas para ayudarle a buscar soluciones o que él mismo juzgue la situación en base a los valores familiares y ofrecerle opciones positivas. Por otro lado, evaluar si es posible dejar para otro momento hablar de límites o búsqueda de soluciones, el primer desafío es construir la confianza necesaria para que siempre haya comunicación.

Daniel Goleman en su libro *"La inteligencia Emocional"* dice que *"la experiencia, sobre todo en la infancia, esculpe el cerebro"*. Se aprende a través de lo que se experimenta, se ve y escucha. Es importante hablar en casa de sus experiencias y de sus emociones, recuerde que no hay emociones buenas o malas, todas son necesarias y adecuadas de acuerdo a las circunstancias (alegría, entusiasmo, tristeza, miedo, rabia). Por otro lado, entrene a su hijo con el ejemplo, si desea que su hijo aprenda a reconocer sus emociones, sea su modelo; cuente sobre sus experiencias en el trabajo o del día, sin dar nombres de personas sino comentando sobre las situaciones y sobre qué emoción estuvo presente, evidentemente, que las situaciones estén acordes con la edad de sus hijos para que las comprendan, por ejemplo, *"hoy tuve una reunión en mi oficina en la que tenía que entregar un trabajo y esperaban algo diferente a lo que hice y me sentí frustrada"*, *"hoy me correspondió hacer una presentación ante muchas personas que no conocía y sentí mucho miedo, sin embargo, tuve valor y lo logré".* Su hijo verá que es natural hablar de lo que se siente, identificando que es tan valido sentir miedo, como sentir felicidad.

Los padres son más propensos hablar de las emociones con las niñas que con los niños; el tipo de cuentos que se les lee a ellas son distintos a los que se les lee a ellos; ellas están más expuestas a la invitación de expresar sus emociones que los varones y eso se traslada al ámbito escolar y de amigos. Si unos niños están jugando y uno de ellos se cae y se golpea, los amigos se detienen un poco y si el asunto no es grave el juego sigue, nadie le pregunta al lesionado cómo se siente; en cambio, si ocurre en un grupo de niñas, el juego se detiene, las niñas rodean a su amiga, la ayudan, atienden y consuelan, por eso cuando se llega al matrimonio los esposos sufren tratando de entender qué pasa y lo qué se espera de ellos.

¿Cuándo hay que prestar atención a una emoción? cuando es intensa y permanece en el tiempo; por ejemplo, si observa que su hijo con regularidad se refiere a que está triste y se da cuenta que esa emoción está muy presente en él en todas las cosas que hace (tiene miedo, rabia o está activo permanentemente) conviene prestar atención y buscar orientación, lo natural es que las distintas emociones aparezcan y desaparezcan de acuerdo a las circunstancias.

La repetición trae posicionamiento, el posicionamiento genera hábito y el hábito produce resultados. Si usted repite frecuentemente la invitación a explorar en usted mismo y en su hijo sobre los sentimientos y las emociones, logrará que esta práctica se posicione en su hogar, se hará un hábito hablar de las emociones y verá los resultados.

Repetición – posicionamiento – hábito - resultado

HABILIDAD 2 – AUTOCONTROL.

Entrene a su hijo para que las emociones no lo controlen, sino que ellos las manejen. Es muy importante tener en cuenta que no se trata de suprimir, evitar, anular o ignorar la emoción, sino de manejarla para que no les controle; este entrenamiento comienza desde que están pequeños, por ejemplo, si su niño está llorando, podría decirle: *"entiendo que te sientes triste, frustrado o molesto, puedes llorar, sin embargo, te pido que sea sin gritar"* si tiene rabia, le podría decir: *"entiendo que tienes rabia o estás molesto, sin embargo, tirarte en el suelo o tirar las cosas está mal".* De ese modo reconocerán que tienen la libertad de sentir la emoción, sin ser asaltados por los arrebatos descontrolados de éstas. Si lo aprende desde pequeño, lo hará cuando sea grande.

Cuando los niños han crecido, la estrategia será la misma. Reconocer la emoción que están sintiendo e invitarles a tener un comportamiento moderado en la expresión de la misma. Es conveniente establecer límites claros acerca de la expresión de emociones, por ejemplo, al igual que el caso anterior, si el niño está molesto decirle: *"entiendo que estés molesto, sin embargo, pido que sea sin gritar, armar pataletas, tirar cosas o tirar puertas"*, la expresión de emociones no se trata de manifestarlas sin moderación o con falta de control, se trata de reconocerlas, sentirlas y manejarlas.

Por otro lado, está la oferta tecnológica desproporcionada, el alcohol, las drogas, el sexo, etc., a la que están expuestos los adolescentes, que implica sin duda manejo de emociones y autocontrol. Lo que los hará capaces de enfrentar estas ofertas y tomar decisiones acertadas para salir airosos de esa compleja etapa será el entrenamiento para que puedan reconocer sus sentimientos y emociones, que tengan la libertad de expresarlos adecuadamente, que comiencen a identificar que existe una relación entre lo que está pensando, lo que está sintiendo y la reacción que está teniendo, que aprenda a reconocer cuándo son sus pensamientos o sus sentimientos los que están gobernando sus acciones.

Oriente a su hijo para buscar alternativas diferentes, a estar conscientes que tienen fortalezas y debilidades, ayúdele a enfocarse para que se vea a si mismo desde una perspectiva optimista y positiva, evitando la auto-descalificación y baja autoestima. Como padre la invitación es a mirar los aciertos y éxitos de su hijo, reconozca y celebre sus logros, expréselo con abrazos y besos, actúe de forma tal que siempre se sienta amado.

Otro factor a tener en cuenta de manera especial es el manejo de la rabia o enojo. Ayude a su hijo a comprender que esa es una emoción secundaria ¿qué significa eso? que posiblemente está dolido, celoso o frustrado y la emoción que se manifiesta o que expresa generalmente es rabia, entonces, de forma amorosa y respetuosa pregunte, por ejemplo, "¿qué te pasa en realidad, estás dolido por algo que hice?" "¿estás frustrado porque sientes que te esforzaste y no te salió bien?" "¿te sientes celoso porque hubieses preferido que te escogieran a ti?" déjelo que se exprese libremente. Si es pertinente lo que está sintiendo su hijo a veces no vale la pena explicar nada, sino decir *"entiendo lo que sientes"* y preguntarle si quiere un abrazo. Recuerde que la emoción que está manifestando es rabia o enojo, así que es probable que haya que dar un espacio para la calma; ahora, si la percepción que él tiene acerca de la situación es distorsionada, conviene entonces ayudarle a ver algo que él no ha considerado.

Se señaló en el capítulo anterior que la inteligencia emocional se trata de tomar decisiones, buscar opciones, buscar soluciones teniendo en cuenta las emociones, lo cual significa que, por ejemplo, si el niño tiene rabia porque la tarea no le salió bien y cuando usted explora con el niño se da cuenta que el siente que se esforzó y no le salió bien, razón por la que está molesto, sin embargo, por otro lado usted observó que estuvo jugando o distraído con otras cosas y que en realidad ha podido hacerlo con más tiempo para que le saliera mejor, en ese caso, ayúdelo entonces a ver la situación haciéndole preguntas, esta es una excelente oportunidad para poner en marcha su doble rol, de padre y de coach o entrenador de su hijo, preguntándole "¿qué piensas que ocurrió?" "¿consideras que le dedicaste suficiente tiempo a hacer la tarea?" "¿qué crees que hubiese ocurrido si juegas menos tiempo y comienzas antes?" solo son algunos ejemplos sobre la forma de abordar la situación siendo respetuosos, sin gritos, regaños y malestares, el desafío es no dejar que la emoción controle y ayudarle y/o entrenarlo para que razone lo que está sintiendo y qué puede hacer diferente para alcanzar lo que desea.

Hay un cerebro pensante y un cerebro emocional. Las situaciones llegan al cerebro por lo que se ve y se escucha. Pero información llega más rápido a nuestro cerebro emocional que al cerebro pensante y la responsable que se reaccione rápidamente ante situaciones que ponen en riesgo al individuo es una pequeña glándula llamada la amígdala, sin embargo, ella también es la responsable de la reacción impulsiva o no controlada de las emociones, si frente a una situación que puede ser ofensiva, de frustración o que ponga a una persona en contacto con la rabia o emoción extrema, le damos 10 segundos, con solo 10 segundos se logrará permitir que la situación pase al cerebro pensante y eso permitirá que se actúe de una manera razonada o controlada. Ante el asalto emocional, cuente hasta 10 y luego piense "¿cómo puedo abordar esta situación?".

Enseñe con el ejemplo; comience por usted mismo.

Si usted repite frecuentemente la invitación a ejercer el autocontrol en usted mismo y en su hijo sobre los sentimientos y las emociones, logrará que esta práctica se posicione en su hogar, luego se hará un hábito manejar las emociones y verá los resultados.

Repetición – posicionamiento – hábito – resultado

HABILIDAD 3 – AUTO MOTIVACIÓN.

Entrene a su hijo para que sea capaz de motivarse a sí mismo, que no se enfoque en hacer las cosas porque recibirá algo a cambio, sino que lo haga para su propia satisfacción, en algunos momentos como padres se desea recompensar, reconocer, incluso reforzar una conducta positiva, sin embargo, conviene que esto no sea una acción recurrente que los ubique en la posición de que siempre van a recibir algo, la invitación es a que el movilizador sea la alegría, la satisfacción y no el premio que le espera, porque ¿qué pasará el día que no tenga premio? entonces, es importante el reforzamiento positivo que como padre usted puede hacer a través del afecto, que lo lleve a conectarse con la importancia de la excelencia para él mismo y no para otros.

Auto motivación, también se refiere a persistir frente a las dificultades y postergar la gratificación. Una evidencia de inteligencia emocional es cuando un individuo no obedece a sus impulsos sino que se contiene para alcanzar una meta superior, esta habilidad hará a su hijo más productivo y eficaz en cualquier cosa que emprendan; por ejemplo, las disciplinas que exige la práctica de un deporte, estos niños o adolescentes sacrifican tiempo de descanso o de ocio por horas de entrenamiento con el fin de alcanzar un premio, una meta, un sueño.

LA PRUEBA DEL BOMBÓN

Goleman en su libro *"La inteligencia Emocional"* cita una investigación que considero muy ilustrativa sobre la habilidad del autocontrol y la auto motivación, que para este caso van de la mano.

La investigación liderada por el psicólogo Walter Michel fue desarrollada en el jardín de infancia del campus de la Universidad de Stanford con niños de preescolar. La actividad consistió en lo siguiente: "a niños de cuatro años le hicieron la siguiente proposición: si esperas que esa persona termine la tarea que está haciendo podrás recibir dos bombones de obsequio, en cambio, si no puedes esperar solo conseguirás uno y podrás recibirlo de inmediato. Este es un desafío que pone a prueba el alma de cualquier criatura de cuatro años, un microcosmos de la eterna batalla que existe entre el impulso y la restricción, el yo y el ego, el deseo y el autocontrol, la gratificación y la postergación. La elección que hace un niño constituye una prueba reveladora, ofrece una rápida interpretación no solo del carácter, sino también de la trayectoria que probablemente seguirá a lo largo de su vida"[8]

"Algunos de los niños fueron capaces de esperar los interminables quince a veinte minutos que el experimentador tardó en regresar. Con el fin de ayudarse en su lucha, se taparon los ojos para no tener que ver la fuerte tentación, o apoyaron la cabeza en los brazos, hablaron solos, cantaron, jugaron con las manos y los pies, incluso intentaron dormir. Estos valientes niños en edad preescolar consiguieron la recompensa de los dos bombones, pero otros más impulsivos, se apoderaron del único bombón poco segundos después que el experimentador saliera de la habitación..."[9]

---

[8] Goleman, Daniel (2012). La Inteligencia Emocional. Mexico:Bantam books

[9] Goleman, Daniel (2012). La Inteligencia Emocional. Mexico:Bantam books

El estudio siguió la trayectoria de los niños hasta que terminaron la secundaria. "Los que habían resistido la tentación a los cuatro años, como adolescentes eran más competentes en el plano social, más eficaces, seguros de sí mismos y más capaces de enfrentarse a la situaciones de la vida. Tuvieron la capacidad de manejar la tensión y los nervios cuando eran sometidos a presión, aceptaban desafíos y procuraban resolverlos, en lugar de renunciar tomaban iniciativas y se comprometían con los proyectos. Y más de una década después eran capaces de postergar la gratificación para lograr sus objetivos"[10]

Si usted repite frecuentemente la invitación a practicar la auto motivación en usted mismo y en su hijo, logrará que esta práctica se posicione en su hogar. Luego, será un hábito hacer las cosas por el único placer de alcanzarlas y postergar la gratificación a fin de lograr metas superiores, lo cual redundará en resultados.

Repetición – posicionamiento – hábito – resultado

HABILIDAD 4 - EMPATÍA Y LAS RELACIONES CON OTROS

Es importante entrenar a los hijos para reconocer emociones en los demás y manejar las relaciones con otros, lo bonito de esta habilidad o competencia es que si un niño o adolescente recibe entrenamiento y aprende las competencias anteriores (autoconocimiento, autocontrol y auto motivación) de manera natural tendrá oídos y ojos para captar la realidad y necesidad de las demás personas más allá de las propias, será sensible al entorno que le habla acerca de lo que otros necesitan o desean. Contar con esta competencia hace a las personas más exitosas personal, familiar, profesional y socialmente.

---

[10] Goleman, Daniel (2012). La Inteligencia Emocional. Mexico: Bantam books

Si los hijos integran a sus vidas esta habilidad de reconocer las emociones de otros y establecer relaciones profundas, sólidas y de calidad, serán percibidos por otros como personas confiables, seguras, que saben lo que quieren, que respetan y reconocen a otros.

Otro aspecto esencial del entrenamiento o coaching para lograr la empatía y relaciones con otros en los hijos, es el ejemplo. Una manera muy poderosa para que los hijos aprendan a ser sensibles y considerados con otros es cuando ven a sus padres serlo.

Hagan juntos actividades de voluntariado, llévelo con usted cuando vaya ayudar a un vecino, familiar o a la comunidad, conversé con él sobre las necesidades que tienen otros niños, comunidades, sociedades, el mundo, a esta generación le toco nacer en un mundo en el que hay más avance y también hay más necesidades, no es posible construir un camino personal sin tener en cuenta que está pasando a su alrededor con el medio ambiente, las enfermedades, el terrorismo, el hambre, la escases de agua, hágalo sensible a situaciones que estén de acuerdo a su edad, si es pequeño su entorno son sus amigos y su familia, en la medida que vaya creciendo podrá ampliar su mirada y ser consciente de otros ámbitos, la invitación es a que siempre haya un proyecto personal en el que haga algo por otros.

Si usted repite frecuentemente la invitación a ser empático y tener relaciones profundas y sólidas con las demás personas en usted mismo y en su hijo, logrará que esta práctica se posicione en su hogar, luego se hará un hábito, lo cual redundará en resultados.

Repetición – posicionamiento – hábito – resultado

HABILIDAD 5 - INCORPORAR VALORES Y CREENCIAS.

Valores

Las creencias y los valores son los que dan forma a la manera en que se actúa, decide y vive, son el reflejo de lo que la persona es.

Los valores son las normas de conducta y actitudes según las cuales cada individuo se comporta y que están de acuerdo con aquello que se considera correcto basado en lo aprendido. Es aquello a lo que se le da mayor importancia.

En el coaching es central tener en cuenta los valores del coachee y en este caso como coach de su hijo usted tiene la maravillosa oportunidad de ser parte de la construcción de su sistema de valores y creencias. En sus manos está la posibilidad de hacer la base con la que se formará para afrontar el futuro con una maleta de valores y creencias que le abra puertas y le permita caminar de forma segura, con fe y con paz interior, "porque cuando se hacen las cosas bien, a uno bien le va bien".

Los valores no se transmiten vía genética de una generación a otra, los valores se enseñan, se muestran, se modelan. Esto se hace al mismo tiempo que se enseñan las demás cosas; no se requiere de grandes explicaciones o entregar una lista de los valores de la familia para que la memoricen. Los valores se transmiten a través del ejemplo práctico, en la cotidianidad, a través de las decisiones y acciones que en el día a día los hijos observan.

Es muy importante estar conscientes que los primeros siete años de vida son claves para el registro de información crucial que marcará en determinada medida el destino de su hijo, tanto los valores como las creencias no son algo de lo que se esté tan consciente en el diario vivir, simplemente se actúa según esos estándares de forma inconsciente. Por esta razón es que le invito a que tome un lápiz, un papel y escriba cuáles son sus valores actuales, en especial sus valores familiares, escriba todos aquellos de los que esté consciente. Luego de tener su lista, seleccione al menos cinco que desee que su hijo adquiera de manera esencial.

Recordemos que los niños aprenden de lo que ven, oyen y viven; si usted tiene más consciente algunos valores específicos que le quiera enseñar a su hijo, usted estará más atento de reforzarlos por todos los medios posibles y no lo dejará al azar. Por otra parte, es probable que se encuentre con la sorpresa de que hay algún valor que es importante para usted y que en la crianza de su hijo no está quedando tan evidenciado.

Luego de tener la lista de los cinco valores claves por los que comenzará, escriba al menos tres cosas que puede hacer, decir e invitar a su hijo que haga para asegurarse que los adquiera. Un valor esencial en la familia es el amor y a pesar de que eso no está en discusión, pudiéramos no estarlo practicando para que nuestro hijo lo aprenda.

Por ejemplo:

Sus valores familiares son:

1. Amor
2. Respeto
3. Relación con Dios
4. Honestidad
5. Responsabilidad

AMOR

3 Cosas que puedo hacer:
    1) Por lo menos una vez al día **abrazarlo** cálida y amorosamente.

2) Sin importar lo que él esté haciendo, en algún momento del día **acarícielo.**

3) Sin tener un motivo aparente **béselo.** No es el beso de despedida o saludo, la idea es que se sienta especial.

3 Cosas que puedo decir:

1) Cuando lo abrace, bese o acaricie decirle "te amo".

2) Cuando haga alguna concesión, o ceda en algo y está consciente de hacerlo por amor, le podría decir, por ejemplo "hijo, te ayudé a recoger tu cuarto porque te amo".

3) Cuando han discutido, luego de resolver la situación cerrar diciéndole que lo ama.

3 Cosas que puedo promover que haga:

1) Invitarlo a abrazar, besar o acariciar.

2) Invitarlo a decir palabras amorosas principalmente a los familiares cercanos.

3) Invitarlo a colaborar con cosas del hogar como expresión de amor.

Con este ejercicio de cinco valores, tres acciones en tres ámbitos, implementándolos uno a la vez tendrán una estrategia clara para enseñar los valores que desea a su hijo.

Reúna a los miembros de su familia y hable acerca de su deseo de acordar juntos cuáles son los valores más importantes que desean vivir o practicar y luego definan juntos las tres acciones a través de las cuales los quieren expresar, verbal y conductualmente.

Otro ejemplo que refleja la importancia de los valores para los individuos, es cuando se tiene un objetivo y se trata de alcanzar sin tener en cuenta sus valores, como en este caso: "Un padre de familia que ama a los suyos y quiere darles una vida maravillosa. Valora el amor de su familia y trabaja duro para ganar mucho dinero y proporcionarles muchas cosas, sin embargo, en el proceso siempre está trabajando, no ve a su familia, se convierte en un extraño para sus hijos y ellos se sienten cada vez más infelices. Él también está cada vez menos feliz, sabe que algo va mal, pero justifica lo que hace porque [lo hace por su familia]. Eso es cierto, pero sus acciones se oponen a las razones por las que la realiza. Puede que alcance el objetivo de ganar mucho dinero para su familia, pero todos serán infelices porque en el camino para alcanzarlo no respetó el valor que inicialmente lo generó." ¿Qué cree usted que dirían los hijos del señor del ejemplo anterior si se les preguntara si a través de su padre han aprendido el valor del amor en la familia?

Es importante tener en cuenta, si tiene un hijo adolescente, que por la etapa en la que se encuentra él o ella va a comenzar a construir sus propios valores y creencias que serán el resultado de los familiares, lo aprendido con sus amigos y del entorno en el cual se mueve, es decir, esté preparado para ver cosas distintas a las que enseñó, lo cual es natural porque es producto de su desarrollo como individuo. Usted como padre solo puede ofrecer lo que tiene y su hijo con sus propias experiencias y desarrollo como ser humano formará su propio sistema de valores y creencias, tal como ocurrió en usted y como le ocurre a todos en la niñez y adolescencias, ven y aprenden unos valores en el hogar y a lo largo de la vida se va construyendo el propio sistema de valores y creencias.

Fortalecer la autoestima de su hijo también implica respetar ese espacio de encuentro con su propia identidad, donde el pueda elegir lo que quiere sintiéndose guiado y amado. Mientras define sus valores conviene que pueda ser libre de escoger y se sienta aceptado por sus padres, sin que esto implique ser rechazado por sus pares, así que, los ingredientes claves para acompañar el desarrollo del adolescente son paciencia, respeto y amor.

CREENCIAS

Todo lo que se hace está marcado por lo que se cree. Es un tema de abordaje complejo y por mucho que como padres se desea hacer las creencias abarcan y se adquieren a través de los distintos contextos en los que los hijos se mueven, es necesario mostrar que como padres se tiene una oportunidad más de hacer una huella positiva para el futuro de los hijos si se ofrecen creencias adecuadas. Las creencias son las que modelan y determinan la capacidad, la salud, la creatividad e inclusive el nivel en el que se alcanza el bienestar, la felicidad y el éxito.

Las creencias sobre sí mismos y lo que se es capaz de hacer en el mundo que nos rodea tiene resultados en la vida diaria. Nadie está exento de un sistema de creencias, frente algunas circunstancias sirven como potenciadores, y en ocasiones, pueden limitar. El desafío como padres es minimizar la presencia de creencias limitantes en los hijos y llevarlos a creer en ellos mismos y en las capacidades que tienen.

La función de la creencia es que activa las actitudes y la conducta, además de que están relacionadas con el futuro. Partiendo de esta afirmación es relevante comprender que las creencias no tienen que ajustarse a la realidad presente, el fin último de la creencia es suministrar motivación suficiente hasta que el desempeño se eleve a un punto tal, que la persona pueda alcanzar lo que aspira, sueña y desea. Es decir, si alguien nos enseña la estrategia adecuada, esto se refleja en el comportamiento.

Las creencias son generalizaciones, se construye una generalización a partir de una experiencia particular, por ejemplo, si de niño vi que cuando mi papá ayudaba a las personas con necesidad se sentía feliz y además lo escuchaba decir "cuando ayudo a la gente me siento lleno", posiblemente yo voy a crecer con la creencia que ayudar a otros hace a la gente feliz. Otro ejemplo pudiese ser el siguiente: Cuando niño escuché a mi madre decir tener dinero hace a la gente ambiciosa y además, la vi trabajar solo para lograr el dinero necesario para cubrir las cosas básicas. Probablemente voy a crecer con la creencia que tener dinero es malo porque vuelve ambiciosa a las personas. En ambos casos son generalidades, porque no todos son felices sirviendo a otros y no todos los que tienen dinero son ambiciosos. Así se va formando en nosotros el sistema de creencias.

Una creencia tiene la posibilidad de:

1) Activar las actitudes.
2) Activar la conducta.
3) Estar en relación con el futuro.
4) Se puede incorporar a nuestro sistema de pensamiento.
   Esto quiere decir que posiblemente hay algo que se quiere alcanzar que no esté en el presente, sin embargo, hay la posibilidad futura de hacerlo. Un ejemplo puede ser; un hijo que no tiene el mejor apresto matemático en el presente, lo cual no significa que no pueda mejorar esa área en el futuro.
5) Suministrar motivación suficiente para elevar el desempeño.
6) Lleva a alcanzar lo que se aspira, sueña y desea.

Si como padres se tiene en cuenta estos seis aspectos, usted puede al igual que con los valores, enfocarse en sembrar en su hijo creencias que le permitan tener actitudes optimistas y positivas antes las cosas que realicen, así como conductas que demuestren que están poniendo lo mejor de sí mismos. Es importante mostrarles que ellos (los hijos) pueden verse en el futuro alcanzando eso que desean y merecen, aunque en el presente no cuente con una habilidad o capacidad específica usted puede ayudar a su hijo a ver que no tendrán ninguna limitación en alcanzarlo.

Su hijo se enfrenta todos los días a distintos retos, desafíos, toma de decisiones y **su objetivo** como padre es decirle que él puede, que él cuenta con la capacidad si lo desea, que la habilidad la puede desarrollar si lo quiere alcanzar, que se imagine haciendo, teniendo o alcanzado eso que desea, que nunca piense que él no puede lograr o hacer algo que desea. Siempre podrá si es constante, no desiste, lo hace con amor y pasión.

En la película *"En búsqueda de la felicidad"*, hay una escena en la que el protagonista le dice al hijo: *"Nunca permitas que alguien te diga que no puedes hacer algo, ni siquiera yo mismo. Si tienes un sueño, tienes que protegerlo. Las personas que no son capaces de hacer algo te dirán que tú tampoco puedes. Si quieres algo ve por ello y punto."*

Como coach de su hijo tiene la tarea de lograr que él sienta que ante cualquier actividad, asignación, deseo, sueño, meta u objetivo hay tres cosas que debe considerar siempre:

A. Que tiene la posibilidad: Alcanzar el objetivo es posible.
B. Que tiene la capacidad: Él es capaz de alcanzarlo.
C. Y, que se lo merece: Merece alcanzarlo.

Muchas veces los miedos propios, inseguridades y creencias limitantes son las que llevan a pensar que el hijo no puede y en realidad si podría si lo cree y lo hace. La recomendación es que ante la tentación de decirle que no puede, que no se lo merece o que eso no es posible, se detenga, respire, se muerda la lengua y cambie su lenguaje por el lenguaje de la posibilidad.

Recuerde que para lograr algo se requieren tres cosas: Competencias, habilidades y actitud.

- Yo sé: se refiere a la competencia, al conocimiento y esto se adquiere a través del estudio, lectura e investigación.

- Yo puedo: se refiere a la habilidad que se adquiere con la práctica.
- Yo quiero: se refiere a la actitud.

Todo ser humano está dotado para alcanzar aquello que desea, adquiriendo el conocimiento necesario, practicando hasta que tenga la habilidad y procurando la actitud idónea, la cual le llevará a creer que lo que hoy no ve de manera tangible, es posible.

Si usted repite frecuentemente la invitación a tener en cuenta sus valores y creencias potenciadoras en usted mismo y en su hijo, logrará que esta práctica se posicione en su hogar, luego se hará un hábito vivir basando sus acciones, en sus valores y creencias y verá los resultados.

Repetición – posicionamiento – hábito – resultado

HABILIDAD 6 - ALCANZAR METAS.

El Coaching conduce al coachee (hijo) a alcanzar metas de manera más rápida; por otro lado es práctico, si está haciendo algo que no está funcionando, se busca otra alternativa, siempre hay posibilidad de cambiar la estrategia, sin embargo, nunca se cambia la meta.

Una meta se lleva a cabo cuando se establece con claridad y precisión, determinar qué se va hacer, cómo, cuándo, dónde y con quién, es muy importante. Teniendo en cuenta los valores familiares se pueden elaborar diversas metas que les permitirán alcanzar sus sueños.

Como coach de su hijo, para el desarrollo de esta habilidad es fundamental observarlo con detenimiento para tener muy claro lo que le gusta, identificar qué desfruta, qué se le facilita hacer y establecer tiempos de conversación con él a fin de conocer lo que está en su corazón en cuanto a qué desea, sueña y quiere.

En la cotidianidad de los niños hay rutinas y responsabilidades menores, a medida que van creciendo se van encontrando con situaciones en las que tienen que tomar decisiones cada vez más complejas, por lo que es conveniente e importante que los hijos cuenten con un adulto que los lleve a enfocarse en la búsqueda de soluciones desde las pequeñas hasta las grandes situaciones por las que transitan, sirviendo de guía, sobre todo en aquellas que tienen un nivel de exigencia mayor.

Es posible que muchas veces los hijos no le comenten a los padres sus dilemas, dudas o indecisiones y esa es la razón por la que hay que observar y conversar (preguntar) para ayudarlos a llevar a cabo sus deseos y metas, ellos simplemente lo intentarán hacer a su manera, unas veces acertarán y otras no, sin embargo, contar con un acompañamiento y en especial, contar con el apoyo necesario que les ayude a incorporar esta habilidad en sus vidas tiene un valor incalculable.

Antes de responder ¿cómo ayudar a transformar lo que su hijo quiere en algo tangible y realizable? conviene conocer el nuevo paradigma para la construcción de metas, la fórmula de la transformación personal. Desde niños nos han dicho que tenemos que HACER, para luego TENER, para por último SER; *"tienes que estudiar (HACER), para TENER una profesión, para SER alguien en la vida"* y resulta que la vida se trata del SER, no del HACER y del TENER, porque si SOY lo que quiero SER, entonces podré hacer y tener lo que quiera. Es muy común que ocurra esta situación, por ejemplo: a un joven le apasiona el deporte y en su casa le dicen que tiene que ser médico, la pregunta sería ¿si se dedica a practicar la medicina será feliz? probablemente no. Por lo tanto, partiendo de lo que le gusta, apasiona, lo que se le facilita y le hace feliz, se construye el SER, y de allí la mirada hacia el futuro.

Se pudiera decir que lo anterior se vive de la siguiente manera:

HACER

SER		HACER	TENER
SER	Organizado	Planificar las clases que debo estudiar	**TENER**: la calificación, certificación, título, etc.
		Diseñar horario	
	Constante	Hacer todos los días al menos una hora	
	Responsable	Cumplir lo planificado (tareas y horarios)	
		Eliminar los cambios de planes y aceptar invitaciones que me desenfoquen, hasta que lo logre	

SER – HACER – TENER

Para el ejercicio práctico de transformar los sueños o deseos en metas, se ubica lo que se quiere alcanzar en el corto plazo, en el cual también se tendrá en cuenta el desarrollo del SER, sin embargo, focalizado en una escala más pequeña. Hay dos posibles escenarios que los hijos pueden vivir, cuando quieren lograr algo y cuando no desean una situación actual y necesitan ayuda para elegir. En ambos casos usted como coach de su hijo podrá mostrarle el camino en el que está, invitarle a considerar las posibles opciones para que tome alguna dirección y ayudarle a persistir en el logro.

En el Coaching las preguntas son las respuestas, las preguntas representan luces que se van encendiendo en un lugar oscuro, estas son el medio principal del Coach para ayudar al coachee/hijo. Ahora, usted le va a enseñar a aprender.

En el Coaching las preguntas también son una invitación a pensar, entonces en lugar de decir a su hijo qué hacer estimule su capacidad de pensar y que él busque las alternativas dentro de sí mismo, cuando su coachee/hijo encuentre una respuesta dentro de él se sentirá emocionado y entusiasmado en ir tras los que desea.

¿Cómo hacer las preguntas adecuadas?, la estructura básica de una buena pregunta de coaching es:

- o ¿Qué + verbo + futuro positivo? El "¿Qué?" centra la atención en la meta. Ejemplo: *¿Qué quieres alcanzar?* ó *¿Qué quieres lograr?*
- o ¿Cómo? Centra la atención en el modo de lograr la meta.
- o ¿Cuándo? Centra la atención en el tiempo.

Veamos un ejemplo: Una niña de 10 años está en la escuela, y la maestra citó a la mamá para hablar de los avances de su hija en matemática. Resulta que las noticias no son muy alentadoras, están a la mitad del segundo lapso y no ha mejorado, se mantiene baja su calificación. Más tarde, al regresar a la casa la mamá le cuenta a su hija lo que la maestra le dijo, ante lo cual, la niña baja la cabeza y en su rostro se refleja la tristeza.

PRIMERO EXPLORE Y PREGUNTE:

- *¿Cómo te sientes con esto?* No se quede únicamente con la información corporal, invítele a hablar, a verbalizar su emoción y sus sentimientos.
- *¿Qué quisieras hacer?*
- *¿Quieres mejorar la nota de matemática?* y seguidamente preguntar; *¿Y para qué quieres mejorar tu nota en matemática?* ésta última puede parecer una pregunta con una respuesta obvia, porque todo niño "tiene" que mejorar la nota para pasar la materia. El punto es que, como padre, usted pudiera pensar que en esas edades no es relevante si su hijo tiene claro el

para qué; usualmente el foco está en que el niño "tiene" que mejorar la nota para pasar de grado o de año, sin embargo, esta habilidad de lograr metas va más allá, se trata de que los hijos se hagan dueños de su meta y para ello es muy importante que aprendan a observar dentro de ellos mismos. En este caso, si la niña no identifica la razón por la cual quiere mejorar la nota, entonces se puede formular otra la pregunta.

- *¿Cómo crees que te sentirás si logras subir la nota de matemática?* Si la respuesta es, por ejemplo, "me voy a sentir feliz", entonces usted le habrá ayudado apropiarse de su meta porque identificó algo que tiene valor para ella que es sentirse feliz. Si la respuesta ante todas las preguntas siempre es "no sé", no insista, la construcción de esta habilidad tomará el tiempo necesario lo importante es siempre ayudarle a explorar sus motivaciones ayudándolo a pensar.

Anteriormente se dijo que las metas se van a lograr en la medida que estén acorde con los valores.

Lleve la meta a la acción: se refiere al qué hará, cómo lo hará, cuándo y con quién, teniendo en cuenta el conocimiento, la habilidad y la actitud, con estos tres ingredientes lograremos llegar a la meta. Recuerde que a los niños y adolescentes les ayudará apropiarse de que pueden aprender, practicar y tener la actitud correcta:

- ✓ Yo sé: Refiere a la competencia, al conocimiento y esto se adquiere a través del estudio, lectura e investigación.
- ✓ Yo puedo: Es la habilidad que se adquiere con la práctica.
- ✓ Yo quiero: Es la actitud.

A continuación están las preguntas que transforman la meta en acción. Utilizando el ejemplo anterior:

- ¿Qué crees que tienes que hacer para mejorar la nota de matemática?
- ¿Cómo lo harás?
- ¿Cuándo lo harás? Y ¿con qué frecuencia lo harás?
- ¿Le quisieras pedir ayuda a alguien para que te corrija o para que te enseñe?

Ayudará hacer un plan detallado, construido conjuntamente con su hijo. Ayúdele a pensar, resista la tentación de decirle lo que "debería" hacer, es bueno que piense qué cosas hará específicamente luego de llegar del colegio (estudiar, jugar, comer algo, ver TV, etc.) si su hijo le cuesta y no lo logra ofrézcale ayuda, siempre dejando el espacio para que el intente buscar alternativas.

En resumen, para transformar sueños y deseos en metas la clave está en formular preguntas para que su hijo se empodere de ese objetivo, si usted le manda o le dice qué hacer se perderá la oportunidad de llevarlo al plano de la creatividad e innovación, de enseñarle a pensar en cómo ponerle piernas a sus sueños, de desarrollar una habilidad que le abrirá las puertas a donde quiera que vaya y en donde quiera que esté.

Muchos padres sienten que lo que ellos quieren para sus hijos (mayormente adolescentes), no es lo que los propios hijos quieren. Posiblemente usted estará pensando que el no está interesado, que su propuesta no la visualiza o no la entiende, que lo que quiere es divertirse, estar en internet y no tiene interés de focalizarse en estudiar, y tocar el tema posiblemente es motivo de fuerte discusión. Con todo el respeto le digo que, en el fondo, los hijos quieren eso que los padres desean para ellos. Sin embargo, hay dos realidades en pugna, están en la etapa de la construcción de la propia identidad y eso los lleva a distanciarse y a buscar otros referentes, por otro lado, necesitan conexión emocional con el hogar, necesitan sentirse amados y valorados tal cual son, por lo tanto hay que tender puentes.

Una vez que esa conexión emocional se comience a activar, esas metas que usted tiene podrán ser compartidas entre ambos, podrán hablar de sus sueños comunes y no comunes y sobre cómo ponerles piernas. Tender puentes con los hijos debilitará su atención centrada en la vida digital, sin embargo, no quiere decir que van a dejar de tener los comportamientos clásicos de la etapa en la que están y que perderán el interés en las redes y la tecnología, los llevará a un plano de mayor balance.

Créame que sé lo que está sintiendo; tengo una hija adolescente tardía (18 años) que quiere comerse el mundo, y nuestra arma más poderosa es la conexión emocional; cuando la veo desconectada y desenfocada, le abro mi corazón, le hablo de lo que estoy viendo y sintiendo, lo que significa para mí, lo que la amo y ¿sabe qué? las cosas comienzan a tomar su lugar de manera inmediata. Nada es perfecto, sin embargo, si es posible disfrutar de nuestros adolescentes amados.

Si repite frecuentemente la invitación a transformar los sueños y deseos en metas en usted mismo y en su hijo, logrará que esta práctica se posicione en su hogar, luego se hará un hábito vivir enfocados en las metas y verá los resultados.

Repetición – posicionamiento – hábito – resultado

HABILIDAD 7 - SER IMPECABLE CON LAS PALABRAS.

Hablar sin pecado, es decir, hablar sin dañar. Un pecado es cualquier cosa que daña. Como padre puede comenzar por usted mismo observando las veces que dice cosas acerca de si mismo que le descalifican y le degradan. Como persona y creación de Dios usted es un ser que tiene valor porque Dios no hace nada imperfecto y no se trata del aspecto físico sino del valor que tengo como SER, así que el respeto y reconocimiento comienza con usted mismo, luego observar y cuidar lo que su hijo dice acerca de si mismo, cuando se juzga negativamente atenta contra sí mismo, se hace daño, en ese sentido, el ser impecable significa que sin auto-descalificarse asumir la responsabilidad de lo que se hace, sin juzgarse o culparse. La invitación es a eliminar expresiones como *"que estúpido soy, se me olvido"* o *"que torpe soy, me quedó horrible"*, *"estoy como una vaca con mi gordura"*, *"yo no sirvo para..."*, tengamos en cuenta que como hablamos vivimos.

Un ejercicio práctico como Coach es, que cuando escuche en su hijo una expresión en la que se auto-descalifique o agreda, invítelo a decir tres palabras que representen cualidades positiva o de valor para él mismo, no importa que aún no estén presentes en él, por ejemplo, *"...aahh que torpe soy, me quedó horrible"*... *"Manuel esa expresión te daña porque te descalifica, dime tres cualidades positivas que tienes o que estas aprendiendo"*... *"soy hábil, soy inteligente, soy ordenado"*, *"excelente hijo... Te felicito, eso es lo que eres"*

Hablar a espaldas de otros representa esparcir veneno emocional acción que no es parte de este acuerdo o habilidad de ser impecable con las palabras, tiene valor que me reserve mi opinión porque es solo un punto de vista y no necesariamente cierto, lo que opino acerca de otros proviene de mis creencias, de mi ego y de mi mapa mental, cuando hablo mal de otras personas lo hago pensando que mi punto de vista es el correcto y hago daño.

Cuando juzgo a los demás, voy contra aquello que juzgo. Conviene recordar que según la educación, experiencia, cultura, crianza se construye la manera de ver la vida y de interpretar todo lo que está alrededor – el mapa mental – sin embargo, quién soy yo para juzgar a otro, no me es dado el derecho de juzgar a nadie. Sin importar la escala, la acción de un individuo representa su historia personal, cuando vemos a una persona que actúa de manera cruel, en su historia personal muy probablemente ha sido víctima de crueldad, cuando vemos a un adicto en su historia personal encontramos algún factor que lo llevo a aislarse en la droga, de igual modo, cuando vemos una persona servicial muy probablemente estuvo en un ambiente donde servir era un valor. Ciertamente, cada persona es responsable de juzgar y discernir las situaciones para decidir cómo actuar frente a ello, la invitación es a descartar el juicio hacia las personas.

Cuando otros opinan de forma negativa acerca de usted es sano y saludable perdonarlos, porque muy probablemente no son conscientes de lo que hacen, es importante no aceptar lo que otro opine acerca de usted como parte de este acuerdo o habilidad, no se trata de reclamar o replicar ante la persona que le ofendió, simplemente, no aceptarlo y listo, dejarlo ir, dejarlo pasar.

Una persona que es impecable con sus palabras demuestra una elevada autoestima, porque una persona que se ama a sí misma, está segura de quién es y cuanto vale. Por lo tanto, no tiene la necesidad de hablar de otros para mostrar quién es. Haga que la mente de su hijo sea ese terreno fértil que dé frutos sanos sembrando palabras de amor, gratitud, reconocimiento y valor.

Cuando hable en su hogar, es conveniente que elimine de su vocabulario las siguientes palabras PERO, DEBO, TENGO Y TRATO:

- PERO: Anula lo que se dijo con anterioridad, por ejemplo: *"Te felicito porque terminaste la tarea PERO te quedo horrible la letra"*, *"gracias por ayudarme a lavar los platos PERO dejaste todo mojado"*. El reconocimiento inicial queda anulado con el PERO, cámbielo por "y, sin embargo, o debido" su reconocimiento a otros cobrará un nuevo significado.
- DEBO Y TENGO: Son palabras de presión, colocan sobre los hombros una carga que no es necesariamente cierta, por ejemplo: *"Tengo que cocinar"*, al decir

TENGO con mis palabras estoy imprimiéndole una carga desagradable, es posible que no me guste cocinar, sin embargo, lo hago porque es una forma de expresarle el amor a mi familia. Si lo haces con el pensamiento en el amor, con facilidad dirás: *"Voy a, ó elijo cocinar"*. Al igual que DEBO, por ejemplo: *"Debo llevar a mi hijo al futbol"* ¿qué me mueve hacerlo? Cuando busco el verdadero movilizador encuentro que no es "debo" es "deseo, quiero", cambie esta palabra por quiero, elijo, decido, escojo, deseo, y su actitud de bienestar será trasmitida a todos los miembros de su hogar.

- TRATO: Le invito a que elimine esta palabra de su vocabulario, no hay ninguna palabra que la pueda sustituir. Tratar no nos lleva a ningún lado, usted puede tratar toda la vida y nunca alcanzar lo que desea, simplemente hacerlo le llevará al lugar que desea.

En resumen: entrene a su hijo para:

1. No juzgarse.
2. No juzgar a los demás.
3. Perdonar cuando lo juzguen.
4. No hablar de los demás (eliminar el chisme).
5. Dar palabras de amor.
6. Cambie de su vocabulario las palabras, pero, tengo, debo y trato.
7. Como padre enseñe con el ejemplo.

Si repite frecuentemente la invitación a hablar de forma impecable en usted mismo y en su hijo, logrará que esta práctica se posicione en su hogar, luego se hará un hábito vivir con palabras impecables y verá los resultados.

Repetición – posicionamiento – hábito – resultado

HABILIDAD 8 - NO TOMAR NADA PERSONALMENTE.

Con que facilidad interpretamos y nos tomamos las cosas para nosotros. Cuando me tomo algo de forma personal significa que estoy de acuerdo con lo que se dijo y en ese instante entra en mí el veneno, comienza el diálogo interno, abro la puerta a la interpretación y es muy posible que la mayor parte de lo que estoy pensando no sea así. La máxima expresión del ego es tomarme las cosas personalmente, es pensar que todo gira en torno a mí.

¿Siente que es responsable de todo? haga de esta habilidad parte de su vida, cuando una persona le insulta, no es personal, no tiene nada que ver usted porque le insulta desde lo que está establecido en su mente, se basa en su sistema de creencias que no tiene que ser necesariamente cierto. Ahora, suponga que lo que una persona le dice es cierto, una llamada de atención, reclamo sea cierto, excelente, saque lo bueno, lo útil, lo sensato, aprenda y siga adelante, no lo tome de forma personal porque se conoce lo suficiente para estar bien y en caso de ser falso tampoco lo tome de forma personal porque sabe quién es.

Cuando sé quién soy y me amo no tengo la necesidad de defenderme y no tengo la necesidad de tener la razón.

Le invito a ver a los demás tal como son. En el momento que usted decida hacer esto lo que hagan o digan los demás no le dañará. Para enseñar a los hijos a incorporar esta habilidad es necesario comenzar por mi, observame reconocer lo que estoy haciendo, lo que estoy sintiendo frente a lo que otros dicen y conscientemente preguntarme ¿esto es conmigo? ¿Esto es necesariamente así como lo estoy interpretando?

Esta habilidad o acuerdo se comprende mejor cuando estoy frente a un reconocimiento, halago o felicitación, cuando lo hacemos bien y nos reconocen pareciera que confirmamos que está bien y la verdad, es que esa "aprobación" de otros no tiene que ver conmigo sino con el sistema de creencias del otro. La valoración de excelencia acerca de lo que haya hecho tiene que ver con mi compromiso de hacer las cosas bien para mí y no para otros, porque una evidencia de autoestima es hacerlo bien para mí y no para demostrar nada a nadie, incluso, si cree en Dios la razón para hacer las cosas bien se trata de agradecimiento y no de recibir nada a cambio – la relación con Dios no es transaccional – de modo que lo que haga bien y reciba reconocimiento igual no lo tomo de forma personal porque no tiene que ver conmigo sino con el sistema de valoración de la otra persona. Adquirir esta habilidad es un maravilloso ejercicio de humildad.

El no tomar nada de forma personal se debe convertir en un hábito firme y sólido, de esta forma emociones como la rabia, los celos, la envidia no lo controlarán. Cuando nos acostumbramos a no tomar nada de forma personal dejamos de depositar nuestra confianza en lo que hagan y digan los demás, nunca somos responsables de los actos de los demás, solo somos responsables de los nuestros.

Si repite frecuentemente en usted y en su hijo la invitación a no tomarse nada de forma personal, logrará que esta práctica se posicione en su hogar, luego se hará un hábito vivir sabiendo quienes son, sin necesidad de defenderse o de tener la razón y verán los resultados.

Repetición – posicionamiento – hábito – resultado

HABILIDAD 9 - NO HACER SUPOSICIONES.

Según la Real Academia Española suponer es dar por sentado la existencia de algo, otra definición se refiere a dar existencia ideal a lo que realmente no la tiene, una suposición se basa en indicios o analogías entre hechos similares, si tomamos en cuenta que algunos estudios refieren que la comunicación verbal representa solo el 7% y el resto está compuesto por lo que se expresa con los gestos faciales y corporales, evidentemente es natural hacer una lectura e interpretación de lo que se observa, así como también de lo que se escucha – característica de los humanos- comprender situaciones similares y aprender actuar ante ellas es común, es por ello que en las familias hay tantas suposiciones.

Tenemos la tendencia a decir o pensar: *"Mi hijo siempre... mi esposa o esposo acostumbra...Ella sabe que...Él me conoce..."* Estos son nuestros diálogos internos y con esto damos por sentado cosas. Cuando hago suposiciones, creo que estoy en lo cierto y allí comienza el problema. ¿Por qué suponemos? Porque no estamos claros acerca de algo, suponer es una aproximación, sin embargo, no es la verdad, si no estamos claros acerca de algo ¿Qué pudiéramos hacer para estarlo? ¿Qué pudiéramos hacer en lugar de suponer? muy fácil... preguntar, no preguntamos o pedimos que se nos aclaren porque tenemos miedo, miedo hacer el ridículo, a parecer vulnerables, ingenuos, etc. Vamos a pedir que nos aclare en lugar de suponer, porque las suposiciones nos hacen sufrir, hagamos el compromiso de ver y oír lo que realmente está ocurriendo y lo que nos están diciendo y así percibiremos las cosas como realmente son.

Hacer suposiciones nos lleva a discutir, tener dificultades y malos entendidos con las personas que amamos. Suponemos que las personas importantes para nosotros saben lo que queremos y lo que sentimos, y no es así, suponemos que los demás ven las cosas como nosotros las vemos, pensamos, sentimos, juzgamos y actuamos y no es así.

La invitación es a ser quienes somos sin presentar una imagen distinta, si nos aman nos aceptan tal y como somos, y si no nos aceptan, entonces no nos aman realmente, de qué sirve hacer o decir cosas para agradar a otros ¿para ser aceptados?

La manera de evitar suponer es preguntar. Si no comprendemos tengamos el valor de preguntar, todos tenemos derecho a preguntar y a responder. Cuando dejemos de suponer nos comunicaremos con claridad y sin veneno emocional.

Si repite frecuentemente la invitación a cambiar las suposiciones por preguntas en usted y en su hijo, logrará que esta práctica se posicione en su hogar. Luego se hará un hábito preguntar sin temor a ser juzgado, lo cual redundará en resultados. Acompañe a su hijo en el desarrollo de esta habilidad y hará de él un ser libre, seguro y feliz, sin diálogos internos que hacen tanto daño.

Repetición – posicionamiento – hábito – resultado

HABILIDAD 10 - HACER SIEMPRE LO MÁXIMO QUE PUEDA.

Vivir para hacer lo máximo que se pueda en cualquier circunstancia de la vida ¡una maravillosa habilidad! Hacer las cosas por hacerlas, hacer lo mínimo indispensable nos coloca en el montón, ese es el lugar de la mayoría, ese es el lugar de los que dicen *"así está, no me tengo que matar por esto"*. El lugar de la excelencia lo ocupan unos pocos, los que están dispuestos hacerlo mejor, hacer la diferencia, lo cual, no significa caer en ser perfeccionista, porque esa es otra evidencia de baja autoestima. Sin importar la condición en la que estemos, hacer lo máximo que podemos nos produce satisfacción sana, nos permite decir, *"sé que hice lo máximo que pude"*, nadie más sino yo mismo sé cuál es mi máximo esfuerzo, por ello cuando termino, no me juzgo, no hay espacio para reproches ni culpas.

Comenzar conmigo mismo hacer lo máximo que puedo es el primer paso, hacerlo así me llevará a vivir intensamente y en consecuencia me sentiré satisfecho y feliz. Actuar para desarrollar esta habilidad es un reflejo de que hago las cosas por amor, pasión y no por recompensas. Hacer lo máximo posible nos lleva a aceptarnos a nosotros mismos siendo conscientes para aprender de los errores, practicar y si nos equivocamos, reconocer con honestidad y seguir practicando. Hacer lo máximo nos lleva a disfrutar lo que hacemos, hacerlo porque queremos y no porque otros nos vean y reconozcan.

El segundo paso es acompañar a su hijo en el desarrollo de esta habilidad. Invitándolo siempre hacerlo con excelencia, a reconocer como se siente al haber hecho lo máximo posible, recuerde la importancia del reconocimiento de las emociones, así que pregúntele cómo se sintió con lo que logro celebre su actuación, recordándole que es maravilloso hacerlo con excelencia para él mismo, que donde quiera que esté, siempre será mejor si él hace lo máximo que puede.

Si usted repite frecuentemente la invitación a hacer lo máximo que pueda en usted mismo y en su hijo, logrará que esta práctica se posicione en su hogar. Luego se hará un hábito hacer las cosas las cosas con excelencia, lo cual redundará en resultados.

Repetición – posicionamiento – hábito – resultado

Las diez habilidades anteriores funcionarán si hacemos lo máximo que podemos, la recomendación es seleccionar las habilidades que considere necesarias para su familia, y hacerlo con excelencia hasta alcanzarlo. Honre y agradezca a Dios haciendo todo con la mayor excelencia que pueda.

La verdadera libertad es ser quienes realmente queremos ser. Ya lo que ocurrió, recibí y aprendí, sea bueno o no, pasó. Mi responsabilidad es con el futuro, elegir vivir como perdedor o como ganador. Lo primero es hacer consciencia, luego ocuparnos de hacer los cambios para alcanzar la transformación, reconocer cuál es su sueño y alcanzarlo.

Todo parte de la autoestima, tener claro quiénes somos nos permitirá tener auto control, auto motivación, a ser empáticos con los demás, lograremos tener relaciones sólidas, viviremos según nuestros valores y creencias potenciadoras, estaremos en control de llevar nuestros sueños a la realidad, seremos impecables con nuestras palabras hacia nosotros mismos y hacia las demás personas, tendremos la capacidad de no tomarnos nada de forma personal, ni lo bueno ni lo malo, porque lo que nos dicen tiene raíz en el sistema de creencias de la otra persona, no haremos suposiciones, preguntaremos libremente sin tener temor de lo que nos digan, y haremos lo máximo que podamos siempre en todo lo que hagamos, no para los demás, sino para sentirnos satisfechos y felices. Para consolidar estas habilidades conviene practicar, practicar y practicar, rompiendo permanentemente los viejos paradigmas.

La recomendación es que vaya incorporando paulatinamente habilidades, quizás enfocándose en una primero y luego de haber avanzado en esa comenzar con otra. Si intenta hacer todo de una vez es posible que no logre ver resultados y eso le frustrará.

Lo más importante se centra en las habilidades emocionales, comenzar con las dos primeras y seguir la secuencia que presenta el libro, sin embrago, si identifica que hay un área en la que siente que su hijo y su familia es más vulnerable y desea comenzar por allí, hágalo.

Para aprender a vivir poniendo en primer lugar el SER es fundamental comenzar por identificar y hacer consciencia de quién soy y qué siento, la construcción de estas habilidades en su hogar contribuirá a dar forma al SER de su hijo. El desafío e invitación es que se cambien las tecnologías por conversaciones cálidas.

Repetición-posicionamiento-hábito-resultado

Papi y mami ¿Quién soy yo?

Esta es una de las tareas más complicadas para la mayoría de los seres humanos, saber quién se es, si a un adulto se le pregunta ¿quién eres? es posible que diga su nombre, nacionalidad, estado civil, si es padre o madre, profesión. Sin embargo, "Quién soy" no se trata necesariamente de eso "Quién soy" se define por las fortalezas, cualidades, capacidades y personalidad.

Ante la pregunta ¿cómo ayudo a mi hijo a ir definiendo quién es, a construir su "Yo soy"? La siguiente alternativa no define en forma alguna lo que él será para toda la vida, sin embargo, lo ayudará a comenzar a construir la imagen de quién es y en la medida que crece, formar una idea de quién es.

Preguntas para usted sobre las características de su hijo:

1. ¿Le gusta las actividades tranquilas o activas?
2. ¿Le gusta estar con grandes grupos o pequeños? (muchos amigos o pocos)
3. ¿Le gusta leer, escribir, pintar, escuchar?
4. ¿Prefiere las actividades al aire libre o en espacios cerrados?
5. ¿Le gustan las flores, los animales, el mar, ríos, montañas?
6. ¿Prefiere carros, casas, la cuidad, los parques mecánicos?
7. ¿Le gustan o se le facilitan los deportes, las actividades artísticas, las ciencias, los idiomas?
8. ¿Se le facilita hablar y tener relaciones con otros?
9. ¿Cómo prefiere divertirse, a qué lugares prefiere ir?
10. ¿Hacer qué cosas lo hace feliz?

Estas preguntas tiene dos propósitos; primero que usted observe las características o preferencias en su hijo y segundo que le formule algunas de ellas para conocer que le gusta más, de esta forma usted le ayudará procurando que haga, esté y elija las opciones más afines a sus habilidades y preferencias, de modo que pueda ir formando una imagen clara de quien es.

Eventualmente pregúntele "¿quién eres?" y esté pendiente que su respuesta se oriente a las fortalezas, habilidades y preferencias. Por ejemplo: *soy una persona libre, feliz, ordenada y amorosa.* Sin importar la edad comience a entrenar a su hijo en el reconocimiento de "quien es", no lo corrija cuando cambie de un día a otro, la idea es que ante la pregunta su hijo vaya aprendiendo a pensar acerca de quién es y en algún momento lo identificará con mayor nitidez.

El Coaching se trata del cambio y sobre cómo hacerlo. La meta a través de esta disciplina no es que los hijos sean o hagan lo que los padres quieren, se trata de hacer lo necesario para que ellos encuentren lo que quieren ser y hacer, que sean capaces de tomar decisiones acertadas, que alcancen sus sueños y para ello es esencial que aprendan a conocer quiénes son, reconocer sus emociones, que las controlen, que hagan las cosas con amor y excelencia no esperando nada a cambio sino la simple satisfacción de hacerlo bien, que sean sensibles y capaces de ayudar a otros, así como procurar buenas relaciones con los demás, eso les garantizará una vida plena, balanceada y feliz.

FUNDAMENTO HISTÓRICO

Las ciencias humanas y sociales en su estudio sobre el comportamiento del hombre en la sociedad y sus formas de organización, ofrecen explicaciones para la comprensión del por qué el individuo actúa de una manera u otra. Es decir, la ciencia ha encontrado caminos para que los seres humanos podamos vivir en armonía con el mundo que nos rodea, sin embargo, hay un fundamento o asiento histórico a todo esto, principios que fueron puestos en nuestras manos.

A continuación algunos principios contenidos en un libro que ha jugado un papel importante en la historia de la civilización, especialmente en la Europa Occidental. Sus verdades han formado a millones de personas, ayudando a forjar naciones influyendo a sus legisladores. Ha sido mencionado en la literatura, inspirado películas y ha sido objeto de intenso debate. Este libro fue escrito a lo largo de aproximadamente 1000 años, por más de cuarenta autores diferentes, en tres continentes y en tres idiomas: hebreo, arameo y griego, totalmente reunido su contenido y reconocido al final del siglo 4° de la Era Cristiana, en el año 393, traducido hasta la fecha en 2451 lenguajes y es el libro más vendido de la historia, inspirado por Dios, Maestro y Señor de todo el que le recibe. Este libro es la Biblia.

Cada una de las habilidades propuestas tienen su origen hace más de 2000 años a través de las enseñanzas tanto del antiguo como del nuevo testamento, y algunas de ellas explícitamente impartidas por el propio Jesucristo, por lo que su puesta en práctica adquiere mayor valor y significado, porque no se trata de nuevos autores que proponen técnicas de autoayuda, se trata de principios de vida:

1. **Conocerse a sí mismo**: Todos hemos escuchado acerca del versículo que le sigue inmediatamente al primer y gran mandamiento que dice *"Ama al Señor tu Dios con todo tu corazón, con todo tu ser y con toda tu mente"* y luego *"Ama a tu prójimo **como a ti mismo"***. Mt.22: 37-38. La invitación a conocerse así mismo lleva consigo la autoestima, la autovaloración, lo cual significa amarse a sí mismo (reconocerse, aceptarse, respetarse) Jesús nos dijo hace más de 2015 años que un fundamento para nuestras vidas era amarnos a nosotros para poder amar a otros, para amar a esposa, esposo, hijos, hermanos, amigos y enemigos es fundamental comenzar por amarnos a nosotros mismos.

2. **Autocontrol**: se dijo que esta habilidad nos lleva a manejar nuestras emociones y no dejar que ellas nos controlen. En la segunda carta de Pedro, capítulo 1, verso 5 dice, *"precisamente por eso, esfuércense en añadir a su fe, virtud; a su virtud, entendimiento; **al entendimiento; dominio propio; al dominio propio, constancia,** a la constancia devoción a Dios"*, así como en Gálatas 5:22 se refiere al ***dominio propio*** como un fruto, producto de la relación con Dios. Creo que el término dominio propio se expresa por sí solo, por lo tanto, esforcemos y pidamos gracia para lograr este fruto del espíritu, practicar esta habilidad y enseñarla a nuestros hijos.

3. **Auto motivación:** Esta habilidad propone promover en nuestros hijos el foco en la satisfacción por la excelencia, persistir frente a las dificultades y motivar la capacidad de controlar el impulso de la satisfacción momentánea y postergar la gratificación para alcanzar una meta superior. Veamos que nos enseña la escritura acerca de esto, persistir sin dudar, persistir a pesar de que las cosas cuesten un poco, persistir porque creo en mi objetivo, meta, sueño y deseo. *"6...pida con fe, sin dudar, **porque quien duda es como las olas** del mar, agitadas y llevadas de un lado a otro por el viento. 7 Quien es así no piense que va a recibir cosa alguna del Señor; 8 **es indeciso e inconstante en todo lo que hace"** Stg. 1:6-8. En primera de Corintios 14, se refiere a cómo debe actuar el hombre con los dones dados por Dios y cierra el capítulo diciendo *"...todo debe hacerse de manera apropiada y con orden"*. Según la escritura para recibir, alcanzar y lograr tenemos primero que nada que pedir, pedir creyendo (a Dios no lo mueve nuestra necesidad sino nuestra fe), luego ser firmes, estable y constantes, si lo hacemos así recibiremos lo que pedimos. La auto motivación no

depende de los factores externos sino de nuestro ser interior, la fe no depende de lo que vemos sino de lo que creemos. Si nuestro ser interior está bien nutrido, está fortalecido seremos personas llenas de fe, amor, esperanza y enfrentaremos las vida con entusiasmo, con motivación, sin depender de las circunstancias externas.

4. **Empatía y las Relaciones con Otros:** Empatía es el sentimiento o la capacidad de identificarse con alguien y compartir lo que siente, en la escritura la empatía parte del amor, amar al otro, por ello cito el versículo esencial y central de esta acción *"Ama a tu prójimo como a ti mismo".* Mt.22: 37-38, que no es otra cosa que la invitación a cambiar la indiferencia por atención, interés, cuido. El nuevo testamento está lleno de pasajes que promueven el servir, atender y ayudar a otros. En cuanto a relaciones con otros, Jesús dice: *"Y éste es mi mandamiento: que se amen los unos a los otros, como yo los he amado"* Juan 15:12, en cuanto a este pasaje pudiera decir dos cosas, si amamos como él nos amó, conviene notar que él no hizo diferencia entre personas, al contrario, él se acercó a lo que la sociedad despreciaba, así que, decir "sí, yo amo a mis familiares, amigos incluso personas que me necesitan" no es suficiente, la invitación fue ir más allá, amar a los que no me aman, porque ciertamente es fácil y todos lo hacemos amar a los que me aman. La invitación desafiante es hacer relaciones profundas e ir más allá de mí, esta habilidad fue promovida por Jesús, y la razón de esto es que no nacimos como islas, somos parte de su creación y como tal nuestro ser se completa, se hace fuerte, encuentra satisfacción, alegría y paz cuando mi vida no se reduce a lo que yo tengo y necesito sino cuando se extiende hacia los demás.

5. **Incorporar valores y creencias:** Leer, meditar y hacer propio versículos increíbles que hay en la escritura es, en sí mismo, una carta de empoderamiento llena de valores y creencias que nos hace mejores, capaces, fuertes, personas de fe, con posibilidad de convertirnos en luz y sal en donde quiera que vamos, así que, toda la escritura es lámpara que guía para el camino. Los valores son los principios que rigen nuestra vida y este libro está lleno de principios que si los viviéramos nuestra sociedad sería distinta. Creencias es el sentimiento de certeza sobre el significado de algo. Es una afirmación personal que consideramos verdadera y define la forma en la que vivo, una vida de relación con Dios está marcada por la fe, que no es más que *"...la certeza de lo que se espera y la convicción de lo que no se ve"* Hebreos 11:1. Nuestra fe y lo que creemos nos lleva a lograr cada objetivo y si está guiado por Dios nuestra vida no tiene desperdicio alguno, porque lo que haga siempre tendrá un propósito.

6. **Alcanzar metas:** Jesús refiriéndose a lo que implica ser un discípulo afirmó que *"Si alguno de ustedes quiere construir una torre ¿Acaso **no se sienta primero a calcular** el costo, para ver si tiene suficiente dinero para construirla?, si echa los cimientos y no puede terminarla, todos los que la vean comenzarán a burlarse de él, y dirán: Este hombre ya no pudo terminar lo que comenzó a construir"* Lucas 14:28-30. Establecerse metas sin estimar lo que requiero para llegar alcanzarlas nos coloca en el riesgo de no llegar, la escritura también nos ofrece el principio técnico del logro (desde el punto de vista espiritual) si tengo una meta, conviene determinar cómo llegar a ella.

7. **Ser impecable con las palabras:** Santiago 3 es un documento referido al poder que tienen las palabras, y habla de la lengua como es un órgano bien pequeño

pero que domina nuestro cuerpo, y lo compara con un barco que tiene gran tamaño e impulsado por fuertes vientos, sin embargo, es movido y controlado por un pequeño timón a voluntad del capitán, igualmente, compara una palabra con una pequeña chispa que es capaz de hacer arder un bosque, refiere que el ser humano ha sido capaz de domar grandes bestias animales, sin embargo, con dificultad logra domar un pequeño miembro de su cuerpo como lo es su lengua, la palabra. *"Con la lengua bendecimos a nuestro Señor y Padre, y con ella maldecimos a las personas, creadas a imagen de Dios. **De una misma boca sale bendición y maldición. Hermanos míos, esto no debe ser así...*"* De una misma fuente no debería salir agua dulce y agua salada. Que nuestras palabras sean impecables (sin pecado, que no dañen) hacia nosotros mismo y hacia los demás.

8. **No tomar nada personalmente:** *"...Nadie tenga un concepto de sí más alto que el que debe tener, sino más bien piense de sí mismo con moderación..."* Romanos 12:3. El contexto en el cual Pablo hace esta invitación es mientras explica que como familia de Dios (sus hijos) conformamos un cuerpo, y así como, en un cuerpo cada miembro tiene una función, así mismo, cada uno de nosotros tenemos un rol, un lugar y algo que aportar, no somos ni más ni menos que nadie, cada uno tiene su valor, si estoy firme y centrado en esa verdad, no me ofendo, no soy altivo y no me tomo nada de forma personal.

9. **No hacer suposiciones:** Esta habilidad en una persona se entiende como seguridad y valentía, lo contrario, una persona orientada hacer suposiciones, es percibida como débil o insegura porque se escuda en suponer para no arriesgar. En la escritura hay cientos de relatos de hombres y mujeres, que en lugar de suponer y colocarse

en posición de desventaja, preguntaron, avanzaron, se arriesgaron, tales como, Abraham, Moisés, Josué, Ester, Débora, Daniel, Pedro, Pablo y tantos otros, así que leer sus historias nos lleva a la comprensión de esta maravillosa habilidad, no suponer; y quiero comentar de manera particular el pasaje muy conocido por todos de David y Goliat. David ante un Filisteo que le doblaba la altura y ni hablar de la fuerza humana, no colocó su mirada en la diferencia física **ni supuso que su condición** de pastor de ovejas y músico lo ponía en desventaja, él sabía que su posibilidad estaba en el Dios en el que él creía, esta fascinante historia está en 1 Samuel 17. No hacer suposiciones, actuar, preguntar, creer nos permite avanzar.

10. **Hacer siempre lo máximo que se pueda:** *"Hagan lo que hagan, que sea de buena gana (de corazón), como para el Señor y no como para nadie de este mundo"* Colosenses 3:23. Actuar para la audiencia de uno, actuar para el Creador de lo visible e invisible, Creador del universo, quien ama a sus hijos apasionadamente, nos lleva con facilidad hacer las cosas con excelencia porque es la manera de corresponder y agradecer a su amor. Haz siempre los máximo que puedas y enseña a tus hijos con el ejemplo.

CUADRO RESUMEN

Este cuadro pretende resumir las habilidades construidas a lo largo del capítulo que incluye; Inteligencia Emocional, PNL (programación neurolingüística), Creencias y Los Cuatro Acuerdos

Los padres como Coachs
10 habilidades para los hijos

NÚMERO	HABILIDAD	ACCIÓN DEL COACH/PADRE
1	Conocerse a sí mismo	*Luego de preguntar cómo te fue, qué hiciste, si la experiencia es relevante preguntar ¿Cómo te sentiste? *Ofrezca alternativa de emociones para ayudarle a expresarse. *Escucha activa, atención con todo su ser, sin descalificar.
2	Autocontrol	*Reconocer la emoción en su hijo, ratificarle que está bien sentirla y poner límite a la expresión desproporcionada. "Entiendo que te sientes..., Puedes..., sin embargo, evita....." (Con amor y firmeza). *Si hay rabia o enojo, ayudarles a encontrar la emoción secundaria, ¿miedo, frustración, celos,...? *Adolescente: buscar alternativas diferentes, consciente de sus fortalezas y debilidades, mirada optimista y positiva, evitar la auto-descalificación.
3	Auto Motivación	*Promover el foco en la excelencia y satisfacción. *Impulsar el persistir frente a las dificultades. *Motivar la capacidad de controlar el impulso de la satisfacción momentánea y postergar la gratificación para alcanzar una meta superior.
4	Empatía y las Relaciones con otros	*Hablar y modelar la importancia de tener oídos y ojos para captar la realidad y necesidad de otros más allá de las propias. *Ayudarle a ser sensible al entorno que le habla acerca de lo que otros necesitan, a través de la observación. *Que cualquier cosa que hagan tengan en cuenta a otros.

5	Incorporar valores y creencias	**Valores** *Hacer una lista de los valores que son importantes para usted, luego seleccionar 5 y para cada uno de esos 5 definir: 3 cosas que puede hacer, 3 que puede decir y 3 que puede invitarle hacer a su hijo para vivir ese valor. **Creencias** *Lograr que sienta que ante cualquier actividad, asignación, deseo, sueño, meta, objetivo hay tres cosas que puede considerar siempre: A. Tiene la posibilidad: él puede alcanzarlo. B. Tiene la capacidad: él es capaz de lograrlo. C. Se lo merece: él se lo merece. Recuerde, para lograr algo se requieren tres cosas: competencias, habilidades y actitud. o Yo sé: se refiere al conocimiento que se adquiere a través del estudio, lectura e investigación. o Yo puedo: se refiere a la habilidad que se logra con la práctica. o Yo quiero: se refiere a la actitud, querer luchar con fe. Teniendo esto en cuenta el podrá hacer todo los que sueñe y desee que sea bueno para él. Evite que sus miedos limiten los sueños y deseos de su hijo.
6	Alcanzar metas	*Recordarle que él primero va a SER, para luego HACER y con esto logrará TENER. *Usted va a enseñar aprender. En el Coaching las preguntas son una invitación a pensar, las respuestas mostraran cómo llegar a la meta. Ayúdelo a pensar cómo llegar a través de preguntas: o ¿Qué vas hacer? ¿Qué quieres hacer? o ¿Cómo lo harás? Detalle de todo lo que hará (dónde, con quién, que necesitará para lograrlo). o ¿Cuándo lo harás? Fundamental que haya fecha. o ¿Cómo se sentirá cuando lo haya logrado? Siempre que su Coachee/hijo tenga una asignación, deseo, sueño haga este ejercicio para que lo concrete y logre.

7	Ser impecable con las palabras	Como coach de su hijo, entrénelo a: o Eliminar juzgarse. o Eliminar juzgar a los demás. o Perdonar cuando lo juzguen. o Eliminar hablar de los demás (eliminar el chisme). o Dar palabras de amor. o Elimine de su vocabulario, las palabras, pero, tengo, debo y trato Enseñe con el ejemplo.
8	No tomarse nada personalmente	Como coach de su hijo, entrénelo a: o Respetar las opiniones de las demás personas. o Evitar sentirse insultados por los demás, lo que ellos digan tiene que ver con la forma en la que ellos piensan. o Incluso cuando hablen bien, no tomarlo de forma personal, porque no se trata de él sino de la forma en la que ellos piensan. o Reconocer cuando hay algo que se debe mejorar y hacerlo, ser humilde para verlo. o Confiar en sí mismo. o Reconocer cuáles son sus fortalezas. Enseñe con el ejemplo.
9	No hacer suposiciones	Como coach de su hijo, entrénelo a: o Que pregunte y pregunte… es mejor que suponer. o Que enfrente el temor de preguntar, será valiente. o Que se sienta libre de pedir o de decir lo que desea. o Debe ser quien es y no aparentar algo distinto. Enseñe con el ejemplo.
10	Hacer siempre lo máximo que pueda	Como coach de su hijo, entrénelo a: o A vivir intensamente. o A ser proactivos (no esperar que lo manden). o Hacer las cosas por amor y con amor (no por recompensas). o Aprender de los errores. o Practicar, practicar y practicar. o Si se equivoca reconocerlo con honestidad y seguir practicando. Enseñe con el ejemplo

Capítulo 5

Papi y mami
¿Qué quiero de ustedes?

"Instruye a tu hijo, y te dará descanso,
Y dará alegría a tu alma"
Proverbios 29:17

Una de las preguntas formuladas a los padres en la investigación previa a este libro fue "¿El uso de la tecnología ha hecho su rol de padre más fácil?". Cerca de un 60% manifestó que no ¿Cuáles pudieran ser las razones de este resultado? ¿El uso que le dan los hijos y los padres a la tecnología? ¿La dificultad de los padres para establecer límites claros? En el caso que sean los límites, la duda será ¿a qué ponerle límite? ¿Al tiempo, al contenido? ¿Al cómo poner límite?

En el capítulo anterior se mostró cómo aplicar la disciplina del Coaching para potenciar habilidades en los hijos, ahora este capítulo se centrará en lo que los hijos dicen y piden a los padres, más allá de lo que indican las técnicas, así como también, se mostrará como los expertos e investigaciones confirman sus planteamientos.

TESTIMONIOS

¿QUÉ DICEN LOS MÁS PEQUEÑOS DE LA CASA?

Una marca comercial hizo un experimento en el año 2014 con 10 familias que tuvo el objetivo de mostrarle a los padres que los hijos para la Navidad querían algo más que simplemente regalos. El experimento consistió en lo siguiente: Primero, una instructora llamó a cada niño y le dio la indicación de que hicieran una carta a los "Reyes Magos". En ese momento de manera sencilla los niños escribieron cosas que querían: juguetes, videojuegos, consolas, instrumentos, etc.

Al terminar esa primera carta la instructora las guarda para "enviarselas a los reyes magos", y les vuelve a dar un papel y esta vez la instrucción fue hacerle una carta a mamá y papá, respondiendo la pregunta: ¿Qué les pedirías a mamá y papá esta navidad? En ese momento, la reacción de los niños llama mucho la atención porque se quedan particularmente pensativos, sus caras reflejaban sorpresa y reflexión. Después de un rato de pensar comenzaron a escribir sus deseos. Luego que terminan, sin la presencia de los niños en un espacio a parte, la instructora les da esta segunda carta a los padres para que las lean. La escena permite ver como se conmovían al leer lo que los hijos escribieron: *"Quiero que juegues más al fútbol conmigo", "quiero que estés más tiempo conmigo", "quisiera que hiciéramos más experimentos en casa", "me gustaría que cenaras más con nosotros"* (refiriéndose a uno de los dos padres), *"quiero que me hagas cosquillas", "quiero que me leas un cuento", "quiero que estemos un día juntos".*

Cuando terminaron de leer la carta, la instructora le pregunta a los papás: ¿Les sorprende que sus hijos hayan pedido esto para navidad? unos se quedaron en silencio pensando con ojos enrojecidos, unos lloraron, otros dijeron "no, no me lo esperaba" y solo una pareja respondió "sí, la verdad es que me lo esperaba".

Luego, se muestra la escena de la instructora preguntándole a cada niño "Si pudieras enviar una de las dos cartas que escribiste ¿Cuál enviarías?". La reacción de los niños fue interesante, yo diría que genial, porque de nuevo, abren los ojos con impresión, luego se quedan pensando. Uno de ellos dijo "¡Guao, es una pregunta muy difícil!". Al final, todos los niños escogieron enviar la carta a sus padres en lugar de los reyes.

Los hijos quieren cosas sencillas de los padres, quieren atención, quieren expresión de amor, ser reconocidos desde lo que son, sentirse escuchados, vistos, acariciados, la verdad, no parece tan difícil.

ENTREVISTA A UNA ADOLESCENTE DE 17 AÑOS DE EDAD

- ¿Qué esperas de tus papás o qué te gustaría recibir de ellos?

"Lo primero es cariño y reconocimiento, que mis padres estén pendiente de mis logros, de mis fallas, de apoyarme, de escucharme, que muestren interés en cómo me siento, en qué me está pasando, en qué pienso, que cada vez que hable con ellos que nunca hagan comentarios negativos, nunca hagan gestos negativos o malos de lo que les estoy contando, sino que simplemente escuchen lo que les estoy diciendo, y de lo que les digo que me den cosas positivas, o si no, nada. Sencillamente que me escuchen y si más adelante hace falta hablar algo, que sea después, porque si es en el momento se va romper la confianza que quise tener, voy a sentir que cada vez que les cuente algo negativo, se van a molestar o me van a regañar, y voy a preferir no contarles nada..."

- ¿Cuando tienes un problema, cuando estás pasando por una dificultad que te da miedo, que te asusta o que te angustia ¿qué esperas de tu papá y de tu mamá?

"...disponibilidad de su parte"

- ¿Qué significa disponibilidad?

"Saber que están ahí, aunque yo no les quiera contar nada, saber que están ahí, que se los puedo decir cuando quiera y yo decido cuando hacerlo. Si decido contarles, no espero que se metan, ni que ellos tomen decisiones, que me digan qué hacer o cómo hacer, sino que me apoyen, que me den consejos, me den opciones para saber qué hacer, pero no que se metan en el problema, y si tengo miedo o un problema, me gustaría que me acompañaran, siempre al límite, acompañando sin meterse..."

- ¿Qué es meterse?

"Meterse es querer tomar las decisiones o decidir por mí."

- Dame un ejemplo?

"Hmmm... por ejemplo, si tengo un problema en el colegio con alguna persona que me está haciendo bullying, no me gustaría que si yo no le digo a mi papá que se meta o haga algo, que vaya al colegio y haga cosas. Primero quiero que me dé la oportunidad a mí de resolverlo con su ayuda, porque si estoy buscando ayuda es por algo ¿no? y si no me funciona, bueno; que haga algo pero poniéndonos de acuerdo primero, si no me siento violentada, me

voy a sentir como subestimada, aunque sé que lo está haciendo es porque me quiere ayudar, pero yo quiero sentir que lo puedo resolver"

- ¿Si estás molesta, no necesariamente con ellos, sino molesta por cualquier cosa, qué esperas de tus padres?

"Que me pregunten cómo estoy y qué me pasa, aunque se me note que estoy molesta, que igual me pregunten, aunque yo les responda feo, voy a sentir que me están prestando atención, aunque no quiera responder en ese momento"

- ¿…y expresiones afectivas mientras estás molesta?

"Sí, una caricia, un abrazo, pero sin ningún comentario de lástima, ni de nada, sencillamente un abrazo, un beso, un cambio de tema, una muestra de interés en lo que me pasa y si no quiero hablar que cambiemos de tema, pero que si haya acercamiento y que no se sienta forzado"

- Con relación a los amigos, por ejemplo; tienes unos amigos que son mala influencia pero quieres salir con ellos, ¿qué esperas de tus padres?

Después de un rato de silencio - *"… Obviamente uno como hijo en ese momento sabe que eso no está bien, y no quiero que se meta, porque quiero hacerlo, pero como hijo espero que si haya una intervención pero sin pasar el límite, es decir, que me hable, que me oriente, que me pregunte, que me ayude, que no me deje solo, porque lo estoy escuchando, pero que me deje decidir, que me deje actuar"…* - otros segundos de silencio - *"que me ponga límites, es decir, no prohibirme, sino dejarme saber los límites, si es posible varias veces, recalcármelo, dejarme saber el por qué de ese límite y por qué es importante que esté ese límite y qué pasa si no se cumple, reforzándolo pero sin prohibir. Ya me ha pasado y al final uno sabe que papá o mamá tiene razón y deja de hacerlo".*

- En los éxitos, los logros y alegrías, ¿qué esperas de ellos?

"En la parte de alegrías, para mi es importante que si estoy con mis papás que me divierta, que hagamos cosas que a todos nos gusten, que si pasamos tiempos juntos sea agradable, que no sea pesado, que sea divertido, ligero, que no sea fastidioso, que haya un acuerdo en qué vamos hacer para compartir tiempo juntos". "En la parte de los éxitos, yo creo que lo más importante es que aunque yo no esté segura de lo que quiero o lo que me gusta, que las palabras de éxito de mis padres se enfoquen en lo que quiero, en lo que soy buena, obviamente; que si hay algo que no ven bien que me lo digan, por ejemplo, que no me digan que sea astronauta si ven que a mí me gustan las artes, que las palabras de estímulo y apoyo sean enfocadas a lo que mis papás sienten que me gusta y no a lo que ellos quieren, porque sentiría que no le están dando valor a lo que me gusta, a lo que me importa e interesa, y que me están apoyando para que sea buena y exitosa en lo que me gusta, aunque por momento tenga mis dudas".

¿QUÉ DICEN NUESTROS HIJOS?

La Asociación Civil "Prevención sin Límites" con sede en Venezuela (dedicada a la prevención de uso indebido de drogas y a la promoción de habilidades para la vida) entre sus actividades cuenta la realización de eventos de integración familiar, y una de las versiones de esta actividad tiene como tema central "normas y límites en el hogar" la cual consiste en lo siguiente: se hace un grupo de padres y un grupo de adolescentes (hijos) por separado, en simultáneo a cada grupo se le presenta una situación, los padres deben decir lo que creen que deberían hacer y los hijos adolescentes dicen lo que esperan que los padres hagan. La situación es la siguiente:

> "sospechas que tu hijo está experimentando con drogas, porque lo ves diferente, un poco aislado de las actividades familiares y decides corroborar"

- La pregunta a los padres es: ¿qué haces para corroborar y cómo?
- La pregunta a los jóvenes es: si estas experimentando con drogas ¿qué esperas que hagan tus papás?

Respuesta de los padres:

Primero es interesante destacar la corporalidad de los padres más allá de sus palabras; al presentarles la situación se movían en sus sillas como quien está buscando acomodo, se agarraban las manos, algunos se estiraban poniendo la espalda lo más recta posible, las expresiones de la cara eran de quien está preocupado de solo imaginarse la escena. Ahora, en cuanto a lo que harían, algunos de los planteamientos fueron los siguientes:

- *"Bueno, cuando mi hijo salga para clases, entro a su cuarto y le reviso las gavetas y sus cosas para ver que encuentro"*
- *"Yo llamaría a una persona que sé que él le tiene mucha confianza y le pregunto si sabe algo; sin que mi hijo sepa ...Claro"*
- *"Yo lo confronto en su cara y le pregunto qué es lo que le está pasando, ¡qué se cree...!"*

Respuestas de los jóvenes:

En cuanto a la corporalidad la diferencia es notable, ellos se muestran serenos, tranquilos, como que le estuviéramos planteando una situación cotidiana. Las respuestas de algunos fueron:

- *"Yo esperaría que se preocupe y que me pregunte"*
- *"A mí me gustaría que hable conmigo y si quiere revisar mis cosas que lo haga pero que me diga que lo va hacer y lo haga cuando yo este..."* (el planteamiento de esta chica no era que le advirtiera que lo iba hacer, sino que hubiese franqueza y que la tomara en cuenta en el momento de revisar)
- *"Yo quisiera que me hablara, que me dijera que le preocupa y que sí... que me ponga límites, porque eso me demuestra que le importo"*

La recomendación profesional del abordaje de esta situación es la que plantean los jóvenes. Esta actividad se ha estado haciendo en reiteradas ocasiones desde el año 2011 hasta el presente y el resultado, palabras más palabras menos, se repite; los adolescentes quieren saber que le importan a sus padres, que están interesados en lo que les pasa, quieren que les pregunte, ahora, lo determinante de este acercamiento es que sea desde el amor, cuidado y respeto, de lo contrario, no se tendrá éxito.

BUENAS PRÁCTICAS

Varios expertos citados a continuación llegaron a la conclusión que los padres en muchas ocasiones cometen el error, directa o indirectamente, de facilitar que los niños y adolescentes sean cautivados con los medios electrónicos; ya sea jugando online, enviando mensajes de texto, entre otros. Lo que viene a sustituir el interactuar con el entorno social. Estos expertos presentan algunas alternativas para que sean aplicadas por los padres como recurso preventivo.

Susan Stiffelman, una terapeuta de familia escribió en The Huffington Post que *"los padres de hoy no están preparados para manejar la intensa atracción y la alta naturaleza adictiva de las cosas que el mundo online tiene para ofrecer. Como padres, tenemos la oportunidad de guiar a nuestros hijos para que aprendan hábitos que los hagan utilizar el mundo digital sin ser absorbidos por él"*.

Stiffelman, autora de "Crianza con presencia" ha observado que los esfuerzos para cambiar el comportamiento digital pueden venir con resistencias, pero la especialista alienta a no desistir y ser determinados en esta ardua tarea. *"Reconoce la molestia de tus hijos sin darles sermones diciéndoles la razón por la que no pueden tener lo que quieren"* comentó Stiffelman. *"Los niños crecen convirtiéndose en adultos resilientes viviendo episodios de decepción (...). Es normal que tus hijos se molesten, aburran o se pongan ansiosos porque se están perdiendo de lo que están haciendo sus amigos en el internet"*. En resumen, no hay que temerle al "conflicto" producto del establecimiento de límites a los hijos ante los dispositivos electrónicos.

Dos expertos en la Escuela de Harvard de Salud Pública, Steven Gortmaker y Kaley Skapinsky, ofrecen una guía gratis llamada "Outsmarting the Smart Screens: A Parent's Guide to the Tools That Are Here to Help" (Ser más listos que las pantallas inteligentes: Una guía para padres en las herramientas que están para ayudarles) ofrecen también actividades saludables a fin de contrarrestar el peso que se puede ganar al pasar tiempo en exceso en frente de una pantalla. Gortmaker y Skapinsky plantean que los niños no deberían tener sus propios teléfonos celulares o televisores en sus cuartos; además, advierten que no es tarde para establecer límites razonables a los adolescentes en cuanto al tiempo frente de una pantalla.

"No hay nada relacionado a este problema que no se pueda arreglar o mejorar", *"Y, mientas más temprano, mejor"* dijo la

psicóloga asociada a Harvard, Dra. Catherine Steiner-Adair, autora de "La gran desconexión: Protegiendo la niñez y las relaciones familiares en la era digital" citó dos comportamientos comunes de los padres que influencian la tendencia de un niño a abusar de la tecnología; primero, estar permanentemente sintonizados a sus aparatos electrónicos, respondiendo cada vez que suena el teléfono, la tablet o recibiendo y enviando mensajes en momentos donde es importante estar presente con todos los sentidos; y segundo, fallar en establecer y reforzar reglas o límites apropiados al mundo digital.

La Dra. Steiner-Adair comentó que los padres deberían pensar dos veces antes de utilizar el teléfono cuando estén con sus niños. La Dra. sugiere a los padres que chequeen sus e-mails y teléfonos antes de que los niños se despierten, mientras están en el colegio o después de que vayan a dormir. Por otro lado, la Dra. comenta lo dicho por una niña de 4 años (de los 1.000 niños que entrevistó para la preparación de su libro) y fue la siguiente frase: *"Siento que soy aburrida, porque aburro a mi papá, cuando está conmigo veo que el siempre responde los mensajes y toma todas las llamadas"* la niña llamó al teléfono inteligente de su papá "teléfono estúpido", esto ofrece información lo que sienten y piensan los hijos del uso que hacen los padres de la tecnología.

La Dra. Steiner-Adair, plantea que la hora de buscar los niños al colegio debería ser una zona libre de llamadas y teléfono para todos, porque es un tiempo muy importante para los niños, es su tiempo para descargar su día, por lo tanto, los padres no deberían estar diciendo *"espérate un minuto, tengo que terminar esta llamada"*. También, propone a los padres que cuando lleguen a la casa del trabajo entrar por la puerta desconectados y aprovechar para reconectarse con su familia.

Steiner sugiere no usar dispositivos electrónicos cuando la familia está cenando. "El arte de cenar y la conexión entre una buena comida y una buena conversación se está perdiendo, no solo en restaurantes sino también en los hogares".

Entretanto, la Dra. Jenny S. Radesky, una pediatra del Centro Médico de Boston, observó junto a dos colegas 55 grupos de padres y niños en sitios de comida rápida; la doctora y sus colegas notaron que 40 de los adultos inmediatamente tomaron su teléfono y los utilizaron por la mayoría del tiempo mientras comían. Generalmente más atención le prestaban al teléfono que a los niños. Los investigadores incluso concluyeron que cuando los padres estaban concentrados en sus dispositivos electrónicos los niños tendían a hacer escándalos o básicamente hacer algo para, aparentemente, tratar de llamar la atención de los padres.

Las normas y límites están presentes en todas las áreas de la vida y en los espacios donde se interactúa. En la familia también es fundamental establecer normas de conducta claras que le indique a los hijos qué se espera de ellos, qué es aceptable y qué no lo es. Ciertas normas pueden ser negociadas, como por ejemplo; lugares a donde ir, hora de llegada, días de salida, balance entre actividades académicas y recreativas, etc., otras deben ser parte de la dinámica familiar, como por ejemplo; responsabilidades en casa y responsabilidades académicas, aquellas que son parte de los valores familiares, como el respeto en el trato (normas de educación, *"gracias, permiso, disculpa, buenos días,"* etc.), honestidad, etc.

Para fomentar en los hijos autonomía y responsabilidad por sus actos es esencial la presencia de normas y límites en el hogar. En algunos momentos acertarán en otros fallarán, es normal, es parte de la dinámica de educar.

¿CONTROLAR EL MOVIMIENTO DE LOS ADOLESCENTES POR LA RED Y USO DE VIDEOJUEGOS?

La organización "Hagamos Familia" hace algunas de las siguientes recomendaciones:

Ventajas y desventajas de la supervisión

- ✓ La intromisión en esto puede generar algún nivel de conflicto.
- ✓ Los hijos tendrán la tendencia a no acatar la norma, hay que ser persistente.
- ✓ Si prohíbe, se abrirán un perfil secreto o modificando la privacidad. La recomendación es ser inteligentes.
- ✓ No dejarles completamente libres.
- ✓ Las redes sociales son una buena oportunidad para que los hijos aprendan a socializar y ganar habilidades sociales, desarrollar confianza con su propio entorno, por lo tanto hay que ser flexible.
- ✓ Encontrar el punto medio es clave para que su hijo tenga la suficiente confianza de compartir cualquier eventualidad en sus movimientos por la red.

¿CÓMO DEBEN EJERCER CONTROL LOS PADRES?

- **Información personal**: Depende de la edad, sin embargo, nunca deben colocar información de contacto personal como direcciones, teléfonos, localización, lugar donde estudia, etc.
- **Niveles de supervisión:** Si son más pequeños supervisar sus conversaciones y mensajes, eventualmente entrar en su perfil, es la mejor manera de evitar un problema más complicado en el futuro. Si son mayores no es conveniente controlar sus conversaciones y sus mensajes, lo que si puede es preguntarles cada cierto

tiempo con quién las mantiene y quiénes son sus contactos.

- **Cómo supervisar:** Para ver su perfil (si es adolescente) como padres convine hacerse un perfil y ser contacto de su hijo. También es bueno sentarse eventualmente a su lado cuando navegue por la red para conocer su actividad. Es fundamental tener una relación de respeto para lograr mantener una comunicación fluida.

- **Cómo orientar**: Investigue los riesgos, coméntele las situaciones que puede enfrentar, pregunté eventualmente si está teniendo alguna situación de la que deban conversar, ante cualquier actividad negativa, observada o comentada corrija de forma amorosa, teniendo en cuenta que a esas edades no hay la malicia necesaria para discernir ciertos riesgos. Ofrézcale ayuda y orientación para que actúen de la manera correcta.

- **Tiempo de conexión**: Sin importar la edad hay que poner límite, lo que variará es la cantidad de tiempo según la edad.

- **Horario de conexión**: Nunca deberá afectar el tiempo de estudio o en momentos de reunión familiar como las comidas.

OTRAS RECOMENDACIONES

El uso adecuado del tiempo libre es un factor de protección frente a las adicciones, así que, conviene promover que compartan su tiempo de ocio con los amigos y que realice distintas actividades fuera de casa, al aire libre, artísticas, deportivas o intelectuales.

Conozca las amistades de su hijo. Así podrá reconocer sus hábitos y preferencias, podrá detectar con mayor facilidad cualquier cambio que ocurra, y además, creará un clima de mayor confianza entre ustedes. Recordarle ocasionalmente que la información que facilita en la red puede ser vista y utilizada no sólo por sus amigos, sino por cualquier persona que tenga buenas o malas intenciones.

Reiterarles no publicar en las redes, lugares a los que irá, si salen de viaje, si usted como padre no va a estar en casa, esta información puede ser utilizada por delincuentes para planear su delito.

Limitar el uso de internet o el celular durante la noche, sobre todo en el caso de los más jóvenes (entre 12 y 16 años). Tienen riesgo de recibir algún tipo de provocación (sexual, de sectas, de incitación a conductas peligrosas).

Utilizar todos los sistemas de protección disponibles en la actualidad para evitar el acceso a páginas no aprobadas para menores. En la propia red encontrará páginas en las que puede descargar estos programas de protección infantil. Procure tener actualizado en sus computadoras un buen antivirus.

Indicar que desconfíen de ofertas de premio, señalarles que es probable que le pidan algo a cambio. Este tipo de mensajes siempre tienen un objetivo y siempre será algo a cambio.

Si llegan a ser víctimas de acoso o ciberbulling que le avise de inmediato y oriéntelos para que no respondan a mensajes o mails en los que les amenacen o insulten.

Procurar ser coherente a la hora de elegir los videojuegos para obsequiarles a sus hijos, para ello tome en cuenta la información de adecuación por edad y la descripción de contenidos que aparece en cada carátula. Conozca los juegos que su hijo intercambia con sus amigos.

Jugar con ellos es la mejor manera de entender qué función tiene para ellos los videojuegos. Esto le ayudará a comprender mejor sus factores de atracción, a valorar sus aspectos tanto positivos como negativos, a mantener criterios más adecuados a la hora de comprarlos y en definitiva, a conseguir una mejor comunicación en el entorno familiar.

Retirar la videoconsola del dormitorio del joven. De no hacerlo así le permitirá encerrarse él solo a jugar, permaneciendo aislado del resto de la familia.

Priorizar los juegos multijugador, si va a jugar es mejor que juegue con amigos que solo, recuerde que nunca debe permitir que unos miren mientras otros juegan, si son dos amigos y tiene dos mandos, pueden jugar, pero si son tres y sólo tiene dos mandos, se apagará la consola y jugarán otra cosa.

Cuando su hijo esté cansado, enfadado o no ha dormido bien, no es el mejor momento para videojuegos.

Una señal de que debe parar de jugar es si su hijo se está poniendo nervioso o agresivo con un juego.

Capítulo 6

Por dónde empiezo

> *"Padres,*
> *no exasperen a sus hijos,*
> *no sea que se desanimen"*
> Colosenses 3:21

QUÉ TIPO DE PADRE SOY

La filosofa y psicóloga Diana Baumrind realizó investigaciones en la relación de niños con sus padres (1966), lo cual la llevo a identificar tres estilos de crianza: Con autoridad (posteriormente conocido como democrático), autoritario y permisivo (Papalia, 2005). Estos estilos de crianza se ampliaron más tarde a cuatro y determinan comportamientos en los hijos. Veamos a continuación que características tienen los padres y los hijos en cada estilo de crianza:

Estilo con Autoridad (Democrático): Baumrind

Padres democráticos

- Control racional y flexible, se involucra en los intereses de su hijo, su nivel de supervisión es alto.
- Valoran, reconocen y respetan la participación de los hijos en la toma de decisiones.
- Promueven la responsabilidad.
- Valoran y respetan sus sentimientos, individualidad, independencia, intereses, opiniones y personalidad de los hijos.
- Exigen buen comportamiento.
- Son cariñosos.
- Establecen normas realistas, claras y congruentes.
- Son firmes en el cumplimiento de las normas, imponen consecuencias dentro de un ambiente de apoyo y calidez.
- Favorecen el diálogo en las relaciones con sus hijos haciéndoles comprender las razones y motivos de sus exigencias.
- Cuando surgen dificultades enseñan formas de comunicación positiva.
- Favorecen que el hijo manifieste sus puntos de vista y se negocien las alternativas de solución.

Hijos de padres democráticos

- Son más independientes.
- Con capacidad de controlar sus emociones e impulsos.
- Asertivos.
- Exploradores.
- Satisfechos.

Resultado

- Desarrollan de mejor forma las competencias de los hijos.
- Los hijos saben lo que se espera de ellos.
- Los hijos saben cuando están cumpliendo con las expectativas.
- Conocen la satisfacción de cumplir con las responsabilidades y lograr los objetivos que persiguen.

Estilo Autoritario: Baumrind

Padres Autoritarios

- Muy dominante con un alto grado de control y supervisión.
- Rígidos y estrictos.
- La obediencia es incuestionable.
- Son castigadores tanto en forma física como psicológica, arbitrarios y enérgicos cuando no se cumple lo que ellos norman.
- Bajo nivel de compromiso con los hijos.
- No consideran la opinión o punto de vista de ellos.
- Establecen pautas de comportamiento y reglas muy restrictivas y exigentes.
- Ante la pregunta y por qué, la respuesta es "Porque yo lo digo".

Hijos de padres Autoritarios

- Poco alegres.
- Retraídos.
- Tienen signos de desconfianza.
- Muy dependientes de los adultos.
- Deben responder a lo que los padres exigen.
- No pueden elegir su propio comportamiento.

Resultado

- Dificultad para tomar la iniciativa.
- Les cuesta saber lo que quieren, establecerse metas y tomar decisiones.
- Tienen mayor dificultad para establecer relaciones con otros.

Estilo Permisivo: Baumrind

Padres permisivos

- Son muy tolerantes.
- Valoran la autoexpresión y la autorregulación.
- Alto nivel de compromiso.
- Permiten que sus hijos expresen sus sentimientos con libertad.
- Son cálidos.
- Bajo nivel de exigencia y rara vez ejercen un control sobre el comportamiento de sus hijos.
- Poco o ningún tipo límite y norma.
- Si hay alguna norma consultan a los hijos sobre decisiones relacionadas con las ellas.
- Ofrecen poca o ninguna consecuencia por los incumplimientos o mal comportamiento.

Hijos de padres permisivos

- Están libre de restricciones externas.
- Muestran escasos niveles de auto-control.
- Poca o baja auto-confianza porque carecen de una estructura en casa.
- Con frecuencia gritan y mandan a sus padres

Resultado

- Inseguridad e inconstancia.
- Falta de confianza en sí mismos.
- Bajo rendimiento escolar por falta de esfuerzo.
- Baja tolerancia a la frustración.
- Cambio frecuentes de humor.
- Se vuelven irreverentes ante las figuras de autoridad

Estilo indiferente:

Padres indiferentes

- Ausentes emocionalmente y a veces ausentes físicamente.
- Baja implicación en la tarea de crianza y educación.
- Poca comunicación.
- Son fríos y distantes con sus hijos.
- Escasa sensibilidad a las necesidades de los niños.
- Ausencia de normas y de exigencia.
- Proporcionan lo que el niño necesita para sobrevivir con poco o ningún compromiso.

Hijos de padres indiferentes

- Baja autoestima.
- Bajo rendimiento académico.
- No acatan normas.
- Apáticos.
- Con poca sensibilidad a las emociones de otros.
- Vulnerables a conflictos personales y sociales.

Conocer los tipos de crianza le permitirá identificar donde están sus fortalezas, debilidades y oportunidades mejora. Comenzar por usted mismos a cambiar algunas cosas generará un efecto inmediato en la vida de su hijo.

No se compare, ni compare a su hijo con nadie, sea la mejor versión de padre que usted pueda y acompañe a su hijo a ser la mejor versión de él mismo, sin hacer comparaciones.

Usted y sus hijos son únicos, enfóquese en hacer todo lo que esté su alcance y en su posibilidad procurando siempre el sello del amor respetuoso y responsable, lo que resulte será su mejor resultado.

Si usted decidió leer este libro, es porque quiere hacer algo, es porque no es indiferente, tiene preocupaciones y quiere tener las herramientas para actuar, cuenta con un claro deseo de hacerlo mejor, así que seguramente le va a ir muy bien en su proyecto de conexión con su hijo.

NUESTRAS EMOCIONES

Como padres, mujeres, hombres, esposos, esposas, hij@s, herman@s, se vive en una enredadera de emociones, experimentándolas a diario y en todo lo que se hace, el gran tema es ¿Cuán conscientes se está de ellas? los hijos ocupan solo una parte de mundo emocional los padres, una parte importante, sin embargo, es solo una parte.

Mientras se vive el proceso de crianza en el rol de padres se experimenta; amor, alegría, miedo, rabia, tristeza (algunas veces hasta el llanto) frustración y con esas emociones se entrecruza lo que se vive en otros roles como espos@, hij@, herman@, enfrentando cambios personales, decisiones familiares, situaciones con la pareja, impulsando proyectos que emocionan y/o atemorizan, posiblemente en situaciones de conflicto, necesidades de los padres, etc. Y cada uno de esos ámbitos de la vida tienen su propia dinámica, que no esperan a que se esté desocupado del rol de padres.

Comience por amarse a sí mismo. Esto no significa pensar primero en uno mismo y luego en los demás desde una visión egoísta, no. Sería una contradicción con todo lo aquí expresado. Se trata de comenzar a ser consciente de qué siente, empiece a practicar el ser consciente de que está sintiendo en cada uno de los distintos roles que juegas, ante las distinta situaciones pregúntese ¿qué estoy sintiendo? Es posible que esté pensando ¿y qué gano con estar consciente de mis emociones? ¿para qué me sirve? le sirve para actuar de manera congruente, para que su mente, corazón y acción respondan asertivamente (actitud y comunicación justa hacia usted mismo y hacia los demás, ni de forma sumisa, ni de forma agresiva) le sirve para afrontar los distintos ámbitos de su vida de forma clara, serena, oportuna, enfocado en las soluciones y no en los problemas, minimizando las situaciones conflictivas, en resumen, sirve para ser respetuoso con usted mismo y con los demás.

Muchas veces las reacciones negativas, las respuestas injustas hacia uno mismo, los hijos o las parejas obedecen a que se actúa en base a lo que se piensa y no a lo que se siente, comienzan los diálogos internos, sin tener en cuenta la emoción que está presente y cuando habla se enfoca en lo que piensa sin detenerse a identificar lo que realmente está sintiendo, un ejemplo de ello pudiera ser: una esposa/ mamá para la que el lenguaje del amor se expresa a través de la colaboración, llega el final del día de trabajo y quiere la ayuda de su esposo en la cocina o revisando las tareas de los hijos y en lugar de pedirlo comienza con los diálogos internos *"claro, él descansando y yo aquí en la cocina, la hora que es y todavía me falta revisar las tareas y todo lo que necesito que esté listo para mañana..."*, después de un buen rato de elaboración mental ante un comentario irrelevante del esposo surge una respuesta agresiva, con algo como *"qué falta colaboración de tu parte, no ves que estoy cansada y no puedes mover ni un plato"* con un reclamo como este probablemente logre que el esposo se movilice hacer algo, sin embargo, es posible que lo haga de mala gana por la forma en la que se lo planteó, así que, el clima familiar tomará un tono pesado por el malestar presente.

Si por el contrario, ella se detiene, respira, se conecta con sus emociones y piensa ¿qué estoy sintiendo? Probablemente se encuentre con que el sentimiento primario es molestia y si se vuelve a preguntar ¿qué es lo que me hace sentir molesta? Quizás se encuentra con que el sentimiento real y genuino es de tristeza, porque quisiera que su esposo tomara la iniciativa de ayudarla, en ese caso, qué tal si solicita la colaboración asumiendo la responsabilidad de lo que está sintiendo y pide lo que desea ¿cuál cree que pudiera ser el resultado?.

Utilice la siguiente fórmula *"yo me siento… (emoción)… cuando… (situación)…y me gustaría que…(solicitud)"*, por ejemplo, *"me siento triste cuando me vez atareada y no te involucras, me gustaría que me ayudes poniendo la mesa"* ó simplemente, se da cuenta que se siente triste o frustrada ante la apatía, piensa concretamente que es lo que genera ese sentimiento, busca cuál es la acción que esperaría de la otra persona para cambiar ese sentimiento y la solicita tal como lo desea, simple y sencillo, *"amor, ¿podrías ayudarme poniendo la mesa?"*, *"cielo ¿podrías revisar las tareas de los niños?"*.

Este es un buen ejemplo en el cual no conviene hacer suposiciones, ni tomar la situación de forma personal, sino enfocarnos en lo que realmente está ocurriendo y transformar la situación en algo positivo, de esta forma nos ahorramos muchos malos momentos. Lo valioso de conocer o estar conscientes de lo que sentimos está en la posibilidad de que mis emociones, acciones y palabras estén en armonía, lo cual, me hará sentir sereno y tranquilo, atendiendo los multiplex roles que tengo durante el día y que nada me robe la capacidad de dar a mis hijos la calidad de amor y atención que requieren.

UNA HABILIDAD A LA VEZ

Para comenzar le invito a enfocarse en lo que usted identificó que son sus necesidades más apremiantes a mejorar o cambiar, de esas prioridades seleccione solo una y póngala en práctica hasta que se convierta en un hábito.

Según algunos autores la propuesta de repetir y repetir por 21 días es totalmente científica y tiene su origen en William James, el padre de la psicología científica, quien en 1887 publicó un artículo denominado "El hábito". Este filósofo y psicólogo identificó que la mayor parte de los hábitos son aprendidos y se adquieren por educación, también se percató que los hábitos ofrecen grandes beneficios porque automatiza la conducta, que se refiere actuar de forma inconsciente, es decir, sin pensar.

Una interpretación de la propuesta de los 21 días para construir un hábito se deriva del trabajo del cirujano plástico Maxwell Maltz, autor de "Psycho Cybernetics" (1960), quien se dio cuenta que sus pacientes tardaban 21 días en habituarse a su nueva imagen luego de una operación, o en dejar de sentir un "miembro fantasma" posterior a una amputación. Basado en su experiencia, expuso una teoría que tuvo un impacto enorme. Pero en realidad lo que Maltz dijo es que se tardaba, **como mínimo** 21 días en generar un hábito. Trabajos posteriores han venido a desmontar el mito. Las investigaciones de Phillipa Llay han permitido comprobar que se tarda unos 66 días de media en formar un hábito, aunque el tiempo real depende de la acción en sí, la persona y la circunstancia (Llay et alt 2010).

Estudios más recientes en la neurogénesis plantean que "las células madre emigran hacia otras estructuras cerebrales diferenciándose en neuronas en un sorprendente proceso transformador que dura, nada más y nada menos, ¡veintiún días!"[11]. Lo que puede dar explicación a la tesis de los 21 días.

En la Universidad de Padres en España (www.universoup.es) emplean los hábitos como recurso pedagógico, promoviéndolo

---

[11] blog.institutokimmon.com

en su seminario sobre el talento adolescente. Los hábitos son una poderosa herramienta al servicio de la ejecución de tareas y pueden ser parte de su modelo transformación personal y de crianza.

Según los científicos actuales, el cerebro siempre está buscando la forma de ahorrar esfuerzo, por ello surgen las costumbres, es más cómodo hacer lo que ya se sabe hacer, porque no tengo que pensar ni prestar tanta atención.

Joaquin Valls en su libro "Maravillosa mente" (Obelisco, 2013) afirma que los investigadores del Instituto Tecnológico de Massachuset (MIT), liderados por Larry Squire, encontraron en un estudio que cuando el cerebro está ante algo nuevo o en la búsqueda de satisfacer una necesidad tiene una intensa actividad y cuanto más automática es la búsqueda menor era la actividad mental.

La causa de la formación de los hábitos es el proceso en el que el cerebro convierte una secuencia de acciones en una rutina automática. Los hábitos, según los científicos, surgen porque el cerebro siempre busca el modo de ahorrar energía, por lo que su tendencia natural es convertir cualquier situación ya vivida en una rutina.

Los expertos y la ciencia ponen en evidencia que la repetición forma la rutina que se desencadena al aparecer una señal, la cual conduce a un premio o recompensa, que se convierte en un reforzador.

Los hábitos son parte de nosotros, por ello cambiarlos o incorporar nuevos tiene un nivel de dificultad, porque exige de nosotros poner atención, estar pendientes, darnos cuenta, es decir, poner el cerebro pensante a trabajar.

También es importante tener en cuenta las creencias cuando esté frente a un hábito, eso que siempre ha hecho de la misma manera, deténgase y piense "¿dónde aprendí hacerlo así? ¿quién me dijo que esta es la forma?" identifique cuál es la creencia que está detrás de la forma en la que se comunica con su hijo, de dónde viene el nivel de atención que le presta, si prefiere hablar usted que escucharlo a él, tiende a gritar en lugar de hablar, hacerlo para que le salga bien (como usted quiere) en lugar de dejar a su hijo que lo haga, etc.

La forma en la que usted está criando a su hijo viene de lo que vio, aprendió, escucho, sin embargo, conviene revisar lo que hace y cómo lo hace, identificar que va a cambiar y comenzar a incorporar nuevas formas, apropiarse de las habilidades que desea para su hogar y practicarlas hasta que sean hábitos, por ello, es importante contar con recompensas para anclar esas nuevas formas de hacer las cosas, tener recordatorios y reforzadores claros para mantenernos en la repetición hasta hacerlo de la nueva forma que desea y que sea parte de usted de manera natural y espontanea.

Sea como sea, formar o cambiar un hábito es un proceso que requiere tiempo (días), así que tómese el tiempo que usted requiera y que sea el adecuado para usted.

MI EXPERIENCIA

Las razones por la que decidí escribir este libro fueron varias; mi vida como mamá, la experiencia laboral - vinculada por más de 30 años con programas de tratamiento y prevención de adicciones - y la invitación desafiante del lugar donde me formé como coach.

Tengo dos hijas una de 19 y otra 21 años, siempre he sentido que ser madre es como un experimento de química en el que pones un poco de esto, un poco de aquello, un tanto de lo otro, y vamos a ver que resulta, para luego tener la sensación de no saber si fue acertado hacer o dejar de hacer algo. Por ejemplo, hay momentos en lo que hay que callar, observar y dejar que se equivoquen (así aprenderán), unos momentos que tienes que hablar e intervenir, otros en los que es mejor no decir nada sino actuar, el gran punto está en cómo saber cuándo exactamente hay que hacer cada cosa.

La experiencia hasta hoy me ha hecho profundamente feliz, he disfrutado el proceso y sonrío con lo que veo hoy en mis hijas. Lo cierto, es que ésta profesión de ser padres se aprende haciendo, se aprenden errando, se aprende amando. Eso, en lo personal ha sido maravillo. Ciertamente, hay momentos duros, grises, de angustia, miedo, sin embargo, han sido muchos más los momentos esplendidos, fabulosos, de risas y crecimiento.

Los errores han sido muchos, fui una mamá que me centre en que hicieran las cosas bien, que se portaran bien, con poca expresión del afecto en el contacto físico, no las estimulé para que fueran consciente de sus emociones, sin embargo, en los aciertos puedo decir que fui celosa en estar tiempo con ellas y tiempo de calidad, atención en tener conversaciones cercanas, reír juntas (un valor muy importante para mí).

Al día de hoy tenemos relaciones sólidas, amorosas y profundas, porque debo decir que la expresión física del amor la aprendí con mi esposo y mi hija mayor, porque son seres que desbordan en abrazos, caricias y besos, así que, por supuesto aprendí abrazar, besar y a acariciar todos los días.

Creo fielmente que es posible tener relaciones amorosas y sólidas con nuestros hijos, sobre todo adolescentes, aunque no acertemos en todo, si acertamos en cosas claves para ellos, ganaremos la batalla.

Ahora, de donde vino el conocimiento, la fuerza y la capacidad de hacerlo para lograr el resultado que hoy agradezco, ha sido de mi relación con Dios, el libro que me instruyó en qué hacer y cómo fue La Escritura (la Biblia). El modelo de Dios como Padre amoroso es muy poderoso y útil para la crianza, en momentos en los que no sabes qué hacer, preguntarle en oración: *"¿Señor, qué harías tú como Padre en esta circunstancia?"* Ofrece respuestas claras, al menos, para mí lo fue. La forma en la logré discernir el "cuándo y cómo" hacer cada cosa fue la oración y lo que me sostiene hasta hoy son esas tres herramientas.

Agradezco profundamente la formación que hoy tengo como coach y al ejercicio del coaching el poder comprender nuevas profundidades y estrategias para alcanzar el propósito de mi vida y sobre todo para ayudar a otros padres alcanzar sus metas.

Busquemos el camino, la estrategia, la fórmula exacta para alcanzar la conexión afectiva y efectiva para tener una relación profunda y sólida con nuestros hijos, teniendo siempre en cuenta su SER y llevándoles a descubrir su YO SOY. Para cerrar les dejo esta reflexión final, es una invitación para que encuentre ese puente claro que le hará saber a su hijo que lo ama.

Un nudo en la sábana

En una reunión de padres de familia de cierta escuela, la Directora resaltaba el apoyo que los padres deben darle a los hijos. También pedía que se hicieran presentes el máximo de tiempo posible.

Ella entendía que, aunque la mayoría de los padres de la comunidad fueran trabajadores, deberían encontrar un poco de tiempo para dedicar y entender a los niños. Sin embargo, la directora se sorprendió cuando uno de los padres se levantó y explicó, en forma humilde, que él no tenía tiempo de hablar con su hijo durante la semana.

Cuando salía para trabajar era muy temprano y su hijo todavía estaba durmiendo; y cuando regresaba del trabajo era muy tarde y el niño ya no estaba despierto. Explicó, además, que tenía que trabajar de esa forma para proveer el sustento de la familia.

Dijo también que el no tener tiempo para su hijo lo angustiaba mucho e intentaba redimirse yendo a besarlo todas las noches cuando llegaba a su casa y, para que su hijo supiera de su presencia, él hacía un nudo en la punta de la sábana. Eso sucedía religiosamente todas las noches cuando iba a besarlo.

Cuando el hijo despertaba y veía el nudo, sabía, a través de él, que su papá había estado allí y lo había besado. El nudo era el medio de comunicación entre ellos.

La directora se emocionó con aquella singular historia y se sorprendió aún más cuando constató que el hijo de ese padre, era uno de los mejores alumnos de la escuela.

Anónimo

Tabla de Recomendaciones Finales

✓ Ofrezca soluciones, negocie, evite los reclamos.

✓ Acuerde las consecuencias. Motive a su hijo a establecer por sí mismo las consecuencias que tendrá que afrontar si no cumple el acuerdo.

✓ Elimine los "Nunca", "Siempre", "Todo" o "Nada". Recuerde cómo era Usted a esa edad.

✓ Explique cuáles son las reglas de casa para que sepa con claridad qué espera y cuáles son las consecuencias de no respetarlas.

✓ Haga una cita. Cuando sienta que las cosas están fuera de control, invite a su hij@ a comer un helado, dar un paseo. Salga de casa y converse.

✓ En lugar de enfocarse en lo malo ofrezca reconocimientos y refuerzos, para que vaya modificando sus antiguos hábitos.

✓ Cumpla su palabra. Si su hijo ha fallado en un acuerdo previo debe llevar a cabo la consecuencia (adecuada) que Usted le señaló podría enfrentar. De lo contrario, perderá credibilidad.

✓ Diseñe una tabla en la que anote las metas que ha de conseguir su hijo a lo largo de la semana.

✓ Establezca un sistema de premios si el niño cumple la meta: ir al cine, sacar las bicicletas y dar un paseo.

✓ Establezca límites claros y justos en los cuales se combine la disciplina con el amor.

✓ Recuérdele pedir "disculpas" y dar "las gracias" de manera sincera. Esto fomentará que nuestros familiares se sientan valorados. ¡Practíquelo!

✓ Evite las burlas, críticas y comparaciones. No son nada nutritivas ni para usted ni para sus hijos.

✓ Sea claro a la hora de hablar. La ambigüedad puede traer malos entendidos en el establecimiento de límites.

✓ Coloque responsabilidades a cada hijo según su edad.

✓ Para los pequeños es ideal reforzar conductas como recoger sus juguetes, lavarse los dientes, comer bien, ayudar con una bolsa liviana.

✓ Para los grandes refuerza que cumplan con sus deberes en el colegio y en casa.

✓ Reconozca cualquier acción extra que salga de ellos mismos.

✓ Evite elogiar desmesuradamente. Si se sobrevalora la conducta del niño, se termina poniendo entredicho su credibilidad.

✓ Utilice un tono adecuado para hablar con sus hijos.

✓ Cambie las ordenes por la explicación de lo que se debe hacer.

✓ Explique el por qué de las cosas. Cuando un niño entiende el motivo de una regla como una forma de prevenir situaciones peligrosas para sí mismo y para otros, se sentirá más animado a obedecerla.

✓ Desapruebe la conducta, no al niño. Asegúrese que sienta que su falta no cambia su amor.

✓ Controle sus emociones. Para colocar límites no es necesario gritar ni salirse de los cabales.

✓ Firmeza. Con un tono de voz seguro y un gesto serio en el rostro es suficiente para que un niño obedezca.

✓ Elogie lo positivo. Los niños niños reciben de mejor manera las órdenes positivas que las negativas.

✓ Anímelos y aliéntelos a repetir aquellas conductas deseadas, cooperando con ellos, ayudándoles en lo que pueda y haciéndoles sugerencias.

✓ Extinga las conductas no deseadas evitando que reciba cualquier recompensa después de llevar a cabo una conducta inadecuada.

✓ Recuérdele siempre que pueda, que es valioso e inteligente y tienes plena confianza en él.

✓ Reconozca o corrija en el momento que ocurra la buena acción o la falta, hacerlo después no tendrá efecto.

✓ Reconozca y asigne consecuencias siempre que ocurra la conducta que quiere reforzar o extinguir, si lo hace unas veces sí y otras no el efecto será nulo.

✓ Asigne consecuencias proporcionadas, que sean acordes con el incumplimiento o falla en la conducta.

✓ Reconozca lo bueno.

✓ Céntrese en lo importante, hay cosas que pasarán.

Bibliografía

Goleman, Daniel. La inteligencia emocional. Por qué es más importante que el cociente intelectual. Ediciones Urano. Bantam Books. México, DF, julio 2014.

Ismail, Salim & van Geest. Exponential Organitation. Why new organizations are ten times beter, faster and cheaper than yours (and what to do about it). Diversion Book. New York, USA, 2014.

Maccoby, E. Martin, J. 1983. Socialización en el contexto de la familia: padres-hijo. En: Papalia, D. Wendkost, S. Duskin, R. 2005 Psicología del Desarrollo, de la Infancia a la Adolescencia. 9ª ed. México: McGraw-Hill Interamericana.

Miedaner, Talane. Coaching para el Éxito. Conviértete en el entrenador de tu vida personal y profesional. Ediciones Urano. Barcelona, España, 2002.

O´Connor, Joseph. Lages, Andrea. Coaching con PNL. Guía práctica para obtener lo mejor de ti mismo y de los demás. Ediciones Urano. Barcelona, España, 2005.

Oppenheimer, Andrés. ¡Crear o Morir!. La esperanza de Latinoamérica y las cinco claves de la innovación. Ediciones Vintage Español.USA, 2014.

Ortiz De Zárate, Miriam. Psicología y Coaching: marco general, las diferentes escuelas. Psicología y Coaching. Centro del coaching, Mayo 2010.

Ruiz, Miguel. Los cuatro acuerdos. Una guía práctica para la libertad personal. Ediciones Amber Allen. San Rafael, California, 1997.

Santrock, Jhon. Psicología del desarrollo: Ciclo Vital.10 edición. Ediciones MCGraw-Hill / Interamericana. España, 2006.

E- BIBLIOGRAFÍA:

Achtemeier, Paul J., *"Diccionario Harper de la Biblia"*, *Edición Electrónica,* (Publishers Harper & Row, and Society of Biblical Literature, *Harper's Bible Dictionary,* electronic ed.), San Francisco: Harper & Row, 1996, c1985.

BBC Mundo [Internet]. Londres, Inglaterra, Karenina Velandria, BBC Mundo; 2014. Disponible en: *www.bbc.com.*

CTV Television Network, Canada AM [Internet]. Canadá; Andy Johnson; 2013. Disponible en: *www.canadaam.ctvnews.ca.*

Departamento de Psicología Evolutiva y de la Educación Universidad de Sevilla. [Internet]. Uso de nuevas tecnologías y riesgo de adicciones entre adolescentes y jóvenes andaluces. Andalucía, España; 2011. Disponible en: *https://umaantelasdrogas.* files.wordpress.com/2012/06/ informe-nntt-y-adicciones-u-Sevilla.

PDF.

Estilo Educativo de los padres y consecuencias para los hijos [web site]. PERSUM Clínica de psicoterapia y personalidad; España; 2015. [Acceso 27 octubre 2015]. *http:// psicologosoviedo.com/* problemas-que-tratamos/adolescentes/ educacion.

Go-Globe, Corporate Web & Ecommerce Development, [Internet]. Dubai, Go-Globe; 2015. Disponible en: *www. go-globe.com.*

Hacer familia [web site]. España; 2015. Disponible en: *www. nytimes.com.*

Haz tu diagnostico [web site]. Adicciones digitales; España; agosto.2015. [acceso 19 agosto 2015].Haz tu diagnostico. [1 pantalla]. *http://adiccionesdigitales.es.*

Joaquin Valls. 21 días para reeducar hábitos ¿Mito o creencia? [Blog en Internet] 2014 [fecha de consulta 29 octubre 2015]. Kmn La vida es sueños [pots 21 febrero 2014] *http://blog.institutokimmon. com/21-dias-para-reeducar-habitos-mito-o-ciencia.*

Juan del Pozo Irribarría, Ana González Izquierdo y la Fundación Gaudium [Internet]. Guía para padres, habla con ellos de las nuevas tecnologías [Internet]. Gobierno de la Rioja, Consejería de Salud, Dirección General de Salud Pública y Consumo, Servicio de Drogodependencias, España; 2012. Disponible en: *http://www.caudete.es.*

Kids and teens online [web site]. Centro de Seguridad en Internet para los menores en España, dependiente del Safer Internet Programa de la Comisión Europea; sept.2013 [acceso 19 agosto 2015]. Cómo saber si tu hijo está desarrollando adicción a internet. [1 pantalla] *http://www.protegeles.com.*

Maria Ortiz Zarate.Psicología y coaching: marco general, las diferentes escuelas. Coaching. [Revista en Internet].2010. Disponible en: *www.centrodelcoaching.es/ARTICULOS/ A1PsicologiaYCoaching.pdf.*

María Teresa Rodríguez de Castro. El mito de los 21 días. [Revista en Internet] 2015 [fecha de consulta 29 octubre 2015]. Nueva frontera educativa [Número 12 - Febrero 2015]. *http:// universoup.es/12/explorandoelhorizonte/el-mito-de-los-21-dias/*.

New York Times [Internet]. Nueva York, Estados Unidos, *New York Times;* 2015. Disponible en: www.nytimes.com.

Nightingale Hospital, Londres, Inglaterra [Internet]. Londres: Nightingale Hospital; 2015. Disponible en: *www. nightingalehospital.co.uk.*

Silvia Villadango y Francisco Labrador [Internet]. Anuario de psicología clínica y de la salud [Internet]. Madrid, España; 2009. Disponible en: *http://institucional.us.es*.

UNFPA (*United Nations Found for Population Activities* o *Fondo de Población de las Naciones Unidas)*[Internet]. Nueva York, Estados Unidos: UNFPA; 2014. Disponible en: *www.unfpa.org*

UIT: Unión Internacional de Telecomunicaciones [Internet]. Ginebra, Suiza: UIT; 2013. Disponible en: *www.itu.int.*

Sobre el autor

L ife Coach Integral. Diplomada en Desarrollo Gerencial y Gestión de la Empresa Ética y Socialmente Responsable, Universidad Simón Bolivar (Venezuela). Egresada del Programa Avanzado de Gerencia (PAG) del IESA (Venezuela). Mercadólogo. Co-Fundadora y presidente de la Asociación Civil Prevención sin Límites. Consultor en materia de Responsabilidad Social Empresarial. Desde el año 1985, vinculada con el área de programas de tratamiento y prevención de adicciones, en el ámbito de dirección y gerencia de los mismos. Desde 1999 ha acompañado a importantes empresas tanto Venezolanas como transnacionales en el desarrollo de sus planes de prevención integral en materia de drogas para los trabajadores y familias. Esposa, madre, cristiana y 100% emprendedora. "Amo reír y hacer cosas que le cambien la vida a la gente. Creo en la prevención y aún más en la promoción de la vida".

Printed in the United States
By Bookmasters